D1666051

Robert Stäubli

Communications commerciales

Methodischer Leitfaden mit Übungen

VERLAG:SKV

Robert Stäubli,   dipl. Handelslehrer, verfügt über eine langjährige Erfahrung als Dozent
an der Handelsschule KV Zürich.

4. Auflage 1990 ND 2   ISBN 3-286-30644-4

© Verlag SKV
    Verlag des Schweizerischen Kaufmännischen Verbandes, Zürich

Alle Rechte vorbehalten.
Ohne Genehmigung des Verlages ist es nicht gestattet, das Buch
oder Teile daraus in irgendeiner Form zu reproduzieren.

Umschlag: Brandl & Schärer AG

Vorwort

Die kaufmännische Kommunikation basiert auf verschiedenen Pfeilern. Der wesentlichste ist nach wie vor die Korrespondenz. Daneben gewinnen jedoch das telefonische und das persönliche Gespräch zunehmend an Bedeutung. Dieses Lehrbuch berücksichtigt deshalb neben dem Brief auch die übrigen Kommunikationsmittel. Ausser dem Warenhandel kommen die Dienstleistungszweige Bank, Transportwesen, Reisebüro, Schule und Gastgewerbe zur Sprache.

Das Schwergewicht liegt auf dem systematischen Erarbeiten von Sprachelementen, die je nach Fall variiert und auch in der programmierten Korrespondenz verwendet werden können. Besondere Aufmerksamkeit wurde den methodischen und lernpsychologischen Grundsätzen und der einprägsamen Gestaltung des Stoffes geschenkt: Jede Seite enthält nur *eine* Mitteilungsart und das entsprechende Vokabular.

Die Betätigung der Familie Bouvier in den verschiedenen Lebens- und Wirtschaftsbereichen zieht sich als roter Faden durch das Lehrbuch: Im ersten «Dossier» werden die Kommunikationsmittel vorgestellt; das zweite behandelt den üblichen Geschäftsablauf mit Anfrage, Angebot, Bestellung und Auftragsbestätigung; im dritten «Dossier» wickeln sich die Geschäfte nicht reibungslos ab; Bewerbung und Auskünfte folgen im vierten Teil.

Jedes Kapitel beginnt mit einem Musterbrief. Die anschliessenden «Eléments et variantes» vermitteln die in den folgenden Mitteilungen benötigten Wendungen. Die Übungen sind als Vorschläge gedacht. Sie ermöglichen eine Wiederholung der französischen Grammatik. Der systematischen Repetition dient ein grammatikalischer Index. Die Paragraphen bei den «Exercices» verweisen auf den «Précis de grammaire relatif aux communications commerciales» im Anhang des Buches. Der wirtschaftssprachliche Fachwortschatz beschränkt sich in diesem Lehrmittel auf etwa 300 Wörter. Diese Zahl ergab sich aufgrund einer sorgfältigen Briefanalyse in den verschiedenen Branchen als Minimum für ein «Vocabulaire commercial».

Diese Fassung von «Communications commerciales» ist auf die Anforderungen des Reglementes über die Ausbildung der kaufmännischen Angestellten von 1986 und auf die neue kaufmännische Lehrabschlussprüfung ausgerichtet. Der Stoff ist gegenüber früheren Auflagen um ein Drittel gekürzt, das Vokabular gestrafft, und zahlreiche Übersetzungen wurden in andere Übungen umgewandelt. Der Abschnitt «Difficultés orthographiques» dient der Vorbereitung auf das Prüfungsdiktat.

Ohne die Übersichten zu Beginn jeden Dossiers, den Précis de grammaire und das Vocabulaire umfasst das Lehrmittel 100 Seiten. Dieses Pensum kann in 60 Lektionen durchgearbeitet werden, d. h. in einem Viertel der für das Fach Französisch insgesamt zur Verfügung stehenden Zeit (Vorschlag: je eine Wochenstunde im dritten bis fünften Semester).

Für Lehrer(innen) und für den Selbstunterricht ist ein «Livre du maître» beim Verlag erhältlich. Es enthält neben den Lösungen weitere Informationen und didaktische Anregungen.

Frau Andrée Svoboda und den Herren Jean-Paul Perdrizat und Nicolas Vilmanyi bin ich für die Unterstützung bei der Arbeit am Lehrmittel sehr dankbar.

Robert Stäubli

Table des matières

Index grammatical

Die fetten Zahlen beziehen sich auf die Paragraphen des «Précis de grammaire», die andern Zahlen auf die Exercices-Seiten.

Abréviations

av.	avenue	(breite) Strasse
bd	boulevard	Ringstrasse
c.-à-d.	c'est-à-dire	das heisst
caf (C. A. F.)	coût, assurance, fret	Kosten, Versicherung, Fracht
CFF	Chemins de fer fédéraux	Schweizerische Bundesbahnen
Cie	compagnie	Gesellschaft
cm	centimètre	Zentimeter
ct	courant	dieses Monats
F	francs français	französische Franken
fob (F. O. B.)	franco à bord	frei an Bord
fr. (frs)	franc(s)	Franken
fr. s.	franc(s) suisse(s)	Schweizer Franken
G.V.	grande vitesse	Eilgut
h	heure	Uhr
hl	hectolitre	Hektoliter
ICHA	impôt sur le chiffre d'affaires	WUSt (Warenumsatzsteuer)
kg	kilogramme	Kilogramm
l	litre	Liter
m	mètre	Meter
m^2	mètre carré	Quadratmeter
m^3	mètre cube	Kubikmeter
*M.	Monsieur	Herr
*MM.	Messieurs	Herren
M^e	Maître (avocat)	Anwalt
*Mme	Madame	Frau
*Mlle	Mademoiselle	Fräulein
M/S	bateau à moteur	Motorschiff
N. B.	nota bene	wohlgemerkt
N$^{o(s)}$, n$^{o(s)}$	numéro(s)	Nummer(n)
p. p. (p. pon)	par procuration	per Prokura
P. S.	post scriptum	Nachsatz
P.V.	petite vitesse	Frachtgut
S. A. (SA)	société anonyme	Aktiengesellschaft
s. e. o.	sauf erreur ou omission	Irrtum oder Auslassung vorbehalten
S/S	bateau à vapeur	Dampfschiff
Sté	société	Gesellschaft
t	tonne	Tonne
tél.	téléphone	Telefon
T.V.A.	taxe à la valeur ajoutée	Mehrwertsteuer
val.	valeur	Wert
1°	primo	erstens
%	pour-cent	Prozent

* nur wenn von einer Drittperson die Rede ist

Man setzt in der Regel einen Punkt, wenn die Abkürzung nicht mit dem letzten Buchstaben des abgekürzten Wortes endet (Ausnahme: metrisches System).

Le monde des affaires

Où travaillez-vous?

a) Entreprises de services (Dienstleistungsbetriebe)

Je travaille…   Ich arbeite…

dans une agence de voyages   in einer Reiseagentur
dans l'administration publique   in der öffentlichen Verwaltung
chez un avocat   bei einem Rechtsanwalt
à la Banque cantonale   bei der Kantonalbank
aux Chemins de fer fédéraux (CFF)   bei den Bundesbahnen (SBB)
dans une compagnie d'assurances   in einer Versicherungsgesellschaft
chez un notaire   bei einem Notar
(dans une étude de notaire)   (auf einem Notariat)
à l'hôpital municipal   im Stadtspital
au Grand Hôtel «Bellevue»   im Grand Hôtel «Bellevue»
dans une maison d'expédition   in einer Speditionsfirma
à l'Office des poursuites   auf dem Betreibungsamt
dans une agence de publicité   in einer Werbeagentur
dans une société fiduciaire   in einer Treuhandgesellschaft
à la Swissair   bei der Swissair

b) Entreprises industrielles et commerciales (Industrie- und Handelsunternehmen)

Je travaille dans…   Ich arbeite in der …-Branche

l'alimentation (f)   Nahrungsmittel
les articles de loisirs et de sport   Freizeit- und Sportartikel
l'électroménager   elektr. Haushaltartikel
l'automobile (f) (un garage)   Automobil (in einer Garage)
la chimie, les cosmétiques   Chemie, Kosmetik
le bâtiment (chez un ingénieur)   Bau (bei einem Ingenieur)
l'électronique (f)   Elektronik
un grand magasin, un supermarché   in einem Warenhaus, Supermarkt
les arts graphiques (une librairie)   Graphik (in einer Buchhandlung)
l'horlogerie (f), la bijouterie   Uhren, Schmuck
l'importation (f), l'exportation (f)   Import, Export
la métallurgie, les machines-outils   Metall, Werkzeugmaschinen
le textile, la chaussure   Textil, Fussbekleidung

La distribution des biens
Die Güterverteilung

Entreprises commerciales servant d'intermédiaires entre:
Handelsunternehmen, die vermitteln zwischen:

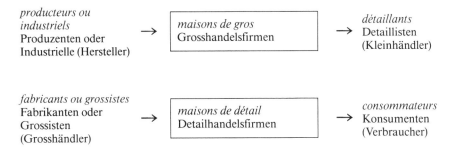

producteurs ou industriels
Produzenten oder
Industrielle (Hersteller)

→

maisons de gros
Grosshandelsfirmen

→

détaillants
Detaillisten
(Kleinhändler)

fabricants ou grossistes
Fabrikanten oder
Grossisten
(Grosshändler)

→

maisons de détail
Detailhandelsfirmen

→

consommateurs
Konsumenten
(Verbraucher)

Services et départements d'une entreprise (organigramme)
Abteilungen eines Unternehmens (Organigramm)

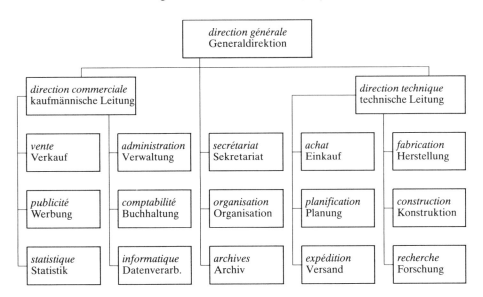

direction générale
Generaldirektion

direction commerciale
kaufmännische Leitung

direction technique
technische Leitung

vente Verkauf	*administration* Verwaltung	*secrétariat* Sekretariat	*achat* Einkauf	*fabrication* Herstellung
publicité Werbung	*comptabilité* Buchhaltung	*organisation* Organisation	*planification* Planung	*construction* Konstruktion
statistique Statistik	*informatique* Datenverarb.	*archives* Archiv	*expédition* Versand	*recherche* Forschung

Noms de pays et de villes

en Europe	in Europa	en Amérique du Nord	in Nordamerika
l'Allemagne (f)	Deutschland	le Canada	Kanada
l'Angleterre (f)	England	les Etats-Unis (m)	die Vereinigten Staaten
l'Autriche (f)	Österreich		
la Belgique	Belgien	**en Amérique du Sud**	**in Südamerika**
le Danemark	Dänemark		
l'Espagne (f)	Spanien	l'Argentine (f)	Argentinien
la Finlande	Finnland	le Brésil	Brasilien
la France	Frankreich		
la Grèce	Griechenland	**en Asie** (f)	**in Asien**
l'Italie (f)	Italien		
la Norvège	Norwegen	la Chine	China
les Pays-Bas (m)	die Niederlande	le Japon	Japan
la Hollande	Holland		
le Portugal	Portugal	**en Afrique** (f)	**in Afrika**
la Russie	Russland		
l'Union (f) soviétique	die Sowjetunion	l'Algérie (f)	Algerien
la Suède	Schweden	la Tunisie	Tunesien
la Suisse	die Schweiz		
la Yougoslavie	Jugoslawien	**l'Australie** (f)	**Australien**

villes suisses	Schweizer Städte	villes étrangères	ausländische Städte
Bâle	Basel	Alger	Algier
Berne	Bern	Athènes	Athen
Bienne	Biel	Bruxelles	Brüssel
Coire	Chur	Le Caire	Kairo
Delémont	Delsberg	Cologne	Köln
Fribourg	Freiburg	Copenhague	Kopenhagen
Genève	Genf	Francfort	Frankfurt
Lucerne	Luzern	Gênes	Genua
Morat	Murten	Hambourg	Hamburg
Neuchâtel	Neuenburg	Lisbonne	Lissabon
Porrentruy	Pruntrut	Londres	London
Schaffhouse	Schaffhausen	Luxembourg	Luxemburg
Sierre	Siders	Milan	Mailand
Sion	Sitten	Moscou	Moskau
Soleure	Solothurn	Munich	München
St-Gall	St. Gallen	Rome	Rom
Winterthour	Winterthur	Strasbourg	Strassburg
Zurich	Zürich	Vienne	Wien

Premier dossier

Les moyens de communication

Die Verständigungsmittel

Les moyens de communication individuels
Die individuellen Verständigungsmittel

les communications écrites
die schriftlichen Mitteilungen

les communications verbales
die mündlichen Mitteilungen

la lettre (p. 4)
der Brief (S. 4)

le télex (p. 16)
der Telex (S. 16)

le téléphone (p. 8)
das Telefon (S. 8)

l'entretien (p. 12)
das Gespräch (S. 12)

chère
teuer

bon marché
billig

bon marché
billig

cher
teuer

lente
langsam

rapide
schnell

rapide
schnell

prend du temps
zeitraubend

document signé
unterschriebenes
Schriftstück

preuve éventuelle
mögliches
Beweismittel

réponse immédiate
sofortige
Antwort

contact personnel
persönlicher
Kontakt

1

La publicité par les moyens de communication de masse ou les mass média
Die Werbung durch die Massenkommunikationsmittel oder die Massenmedien

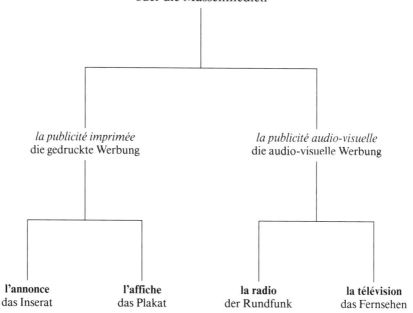

la publicité imprimée
die gedruckte Werbung

la publicité audio-visuelle
die audio-visuelle Werbung

l'annonce
das Inserat

l'affiche
das Plakat

la radio
der Rundfunk

la télévision
das Fernsehen

Autres moyens de publicité importants
Andere wichtige Werbemittel

l'imprimé die Drucksache	**la présentation** die Präsentation	**l'échantillon** das Muster	**le cinéma** das Kino
le prospectus der Prospekt	*la vitrine* das Schaufenster	*la dégustation* die Kostprobe	*le film* der Film
la circulaire das Rundschreiben	*la foire* die Messe	*le spécimen* die Probe(nummer)	*le spot* der Spot
le catalogue der Katalog	*l'exposition* die Ausstellung	*varia* Verschiedenes	
la brochure die Broschüre	*l'emballage* die Verpackung	*le cadeau* das Geschenk	*le concours* der Wettbewerb

Jean Bouvier

Jean Bouvier est apprenti de commerce dans une petite fabrique de montres à Genève. Mais il ne travaille pas tous les jours au bureau. Deux fois par semaine, il suit des cours à l'école professionnelle de commerce.

Pendant son temps libre, Jean lit des journaux, puis discute des problèmes actuels avec son ami René Dupont. Ils font aussi tous les deux du sport: de la planche à voile en été, du ski en hiver et, pendant toute l'année, des projets de vacances…

En juillet, par exemple, ils voudraient passer quelques jours à Cannes. C'est Jean qui prend contact avec une agence de voyages pour faire réserver une chambre d'hôtel. Pour cela, il peut écrire, téléphoner ou se déplacer. Au bureau, il pourrait envoyer un télex. Chacun de ces moyens de communication présente des avantages et des inconvénients (voir page 1).

Une maison de commerce utilise encore d'autres moyens pour faire connaître ses produits ou ses services. Pour sa fabrique, Jean envoie des prospectus, des catalogues ou des circulaires. Mais il existe aussi d'autres possibilités pour faire de la publicité (voir page 2).

un(e) apprenti(e) de commerce	ein(e) kaufm. Lehrling (Lehrtochter)
la fabrique de montres	die Uhrenfabrik
suivre un cours	einen Kurs besuchen
une école professionnelle commerciale (de commerce)	eine kaufmännische Berufsschule
le problème actuel	das Zeitproblem, die aktuelle Frage
faire de la planche à voile (§ 4a)	windsurfen
faire des projets (m) § 49b	Pläne schmieden
prendre (entrer en) contact (m) avec qn	mit jdm. Kontakt aufnehmen (in Kontakt treten)
une agence de voyages	eine Reiseagentur
faire réserver une chambre	ein Zimmer reservieren (buchen) lassen
se déplacer	sich an einen andern Ort begeben
le moyen de communication	das Verständigungsmittel
présenter des avantages (m) et des inconvénients (m)	Vor- und Nachteile aufweisen
utiliser d'autres moyens (m)	andere Mittel benützen
faire connaître un produit	ein Erzeugnis (Produkt) bekanntmachen
le service	die Dienstleistung
le prospectus et le catalogue	der Prospekt und der Katalog
envoyer une circulaire	ein Rundschreiben verschicken
exister	bestehen, existieren, vorhanden sein
faire de la publicité (§ 4a)	werben (Reklame machen)

1. La lettre commerciale

a) Marcel Berdot & Cie S. A., Fabrique de montres
Rue de Lyon 97, 1203 Genève, tél. (022) 56 74 67

b) **1**
                                         Genève, le 15 août 19..

c)   Monsieur Charles Lefort
                                          Horlogerie-bijouterie
                                          Rue de St-Nicolas 71

                                          2006 <u>Neuchâtel</u>

d) <u>Votre réf.</u> tél. <u>Notre réf.</u> MB/jb

e) Votre demande du 14 août

f) Monsieur,

g) Vous trouverez ci-joint le nouveau catalogue de nos montres à quartz. Les deux modèles qui vous intéressent le plus figurent à la page 12.

h) Nous vous présentons, Monsieur, nos salutations distinguées.

i)   Marcel Berdot & Cie S. A.

k) Annexe: un catalogue

<u>la</u> lettre commerciale	<u>der</u> Geschäftsbrief
S. A. = la société anonyme	AG = die Aktiengesellschaft
la fabrique de montres	die Uhrenfabrik
une horlogerie (un magasin d'horlogerie)	ein Uhrengeschäft
la bijouterie (le magasin de bijouterie)	das Juweliergeschäft
la référence	die Referenz, die Zeichen
la demande	die Anfrage
ci-joint (infinitif: joindre)	als Beilage (Grundform: beifügen)
le catalogue	der Katalog
la montre à quartz	die Quarzuhr
le modèle	das Modell
figurer dans un catalogue	in einem Katalog aufgeführt sein (figurieren)
présenter ses salutations (f) distinguées	freundliche Grüsse entbieten
une annexe	eine Beilage
abréviations (f), voir page VII	Abkürzungen, siehe Seite VII

Eléments de la lettre commerciale

a) L'en-tête   (Der Briefkopf)

le nom et l'adresse de l'expéditeur	der Name und die Adresse des Absenders
la branche de commerce	der Handelszweig
le numéro de téléphone	die Telefonnummer
le numéro du compte de chèques postaux (§ 7 b)	die Nummer des Postcheckkontos
le numéro de télex	die Telexnummer
la case (boîte) postale	das Postfach

b) Le lieu et la date   (Der Ort und das Datum)

En français, on emploie les nombres cardinaux (§ 7 b), sauf pour le premier du mois.

Im Französischen verwendet man die Grundzahlen, ausgenommen für den Ersten des Monats.

c) Le nom et l'adresse du destinataire   (Der Name und die Adresse des Empfängers)

Ne pas oublier le numéro postal.

Die Postleitzahl nicht vergessen.

d) Les références   (Die Zeichen)

Ce sont en général les initiales de la personne qui dicte la lettre, suivies de celles de la secrétaire.

Es sind gewöhnlich die Anfangsbuchstaben der Person, die den Brief diktiert, gefolgt von denen der Sekretärin.

e) L'objet de la lettre   (Der Gegenstand des Briefes)

f) L'appel   (Die Anrede)

Monsieur,	Sehr geehrter Herr (Meier)
Messieurs,	Sehr geehrte Herren
Madame,	Sehr geehrte Frau (Meier)
Ne pas oublier la virgule en français.	Im Französischen das Komma nicht vergessen.

g) La partie principale   (Der Hauptteil)

Le texte commence <u>par</u> une majuscule.	Der Text beginnt <u>mit</u> einem Grossbuchstaben.

h) Les salutations   (Die Grüsse)

Veuillez agréer, Monsieur, nos salutations distinguées.	Wir grüssen Sie freundlich.
Nous vous présentons, Messieurs, nos salutations les meilleures.	Mit freundlichen Grüssen

i) La signature   (Die Unterschrift)

La lettre est signée <u>par</u> le chef de la maison ou <u>par</u> un fondé de pouvoir (§ 16 a).	Der Brief wird <u>vom</u> Chef der Firma oder <u>von</u> einem Prokuristen unterschrieben.

k) Les annexes   (Die Beilagen)

un prospectus, un catalogue	ein Prospekt, ein Katalog
une photo, un plan	ein Foto, ein Plan
une facture, un chèque	eine Rechnung, ein Scheck
un échantillon	ein Muster

L'adresse mal écrite   (Die schlecht geschriebene Adresse)

Au bureau des postes:	Auf dem Postbüro:
– Comment? L'adresse de ma lettre est mal écrite?	– Wie? Die Adresse meines Briefes sei schlecht geschrieben?
– Oui, les noms «Rosselet» et «Belfort» sont illisibles.	– Ja, die Namen «Rosselet» und «Belfort» sind unleserlich.

Exercices: les moyens de communication et la lettre commerciale

1. Comparez les moyens de communication (§ 8 a)

1. Le téléphone est **plus** rapide que la lettre.
2. La lettre est **moins** personnelle que l'entretien.
3. Le téléphone local est **meilleur** marché que la lettre.
4. Le télex est **plus** cher que la lettre.
5. Le téléphone est **moins** rapide que le télex.

2. Mettez au pluriel (§ 7 b)

1. les lettres (commercial) *commerciales*
2. les numéros (postal) *postaux*
3. les contacts (verbal) *verbaux*
4. les gares (principal) *principales*
5. les nombres (cardinal) *cardinaux*
6. les centres (commercial) *commerciaux*
7. les boîtes (postal) *postales*
8. les communications (verbal) *verbales*
9. les magasins (principal) *principaux*

3. Lisez couramment et traduisez
(voir page X)

1. 9015 St. Gallen, 28. April 19..
2. 1950 Sitten, 27. August 19..
3. 2006 Neuenburg, 16. März 19..
4. 6008 Luzern, 1. Oktober 19..
5. 2800 Delsberg, 21. Juli 19..
6. 3960 Siders, 18. Januar 19..
7. 33200 Bordeaux, 13. Mai 19..
8. 13016 Marseille, 1. September 19..
9. 67100 Strassburg, 19. Februar 19..
10. 21000 Dijon, 7. November 19..
11. 25000 Besançon, 22. Juni 19..
12. 38100 Grenoble, 15. Dezember 19..

4. Répondez aux questions

1. Quels éléments comprend l'en-tête? *siehe a) S. 5*
2. Comment faut-il dater la lettre? *siehe b) S. 5*
3. Comment appelle-t-on la personne qui reçoit la lettre? *destinataire*
4. Par qui la lettre commerciale est-elle signée? *siehe i) S. 6*
5. Quelles annexes joint-on à une offre?

2. Le téléphone

Un entretien téléphonique

2

Jean lit une annonce: «Si vous désirez mieux connaître le JOURNAL DE GENÈVE, vous le recevrez gratuitement pendant 15 jours, sans engagement de votre part. Vous n'avez qu'à téléphoner au 63 74 67, service de publicité.»

Jean compose le numéro et attend la communication.

– Colette Rochat.
~ Pardon, vous n'avez pas le 63 74 67?
– Non, vous avez fait le 63 74 76.
~ Je me suis trompé de numéro. Excusez-moi.
– Je vous en prie.

Jean se concentre et recommence. Pas de chance. Occupé. Il attend un moment, puis refait le numéro. Enfin…

– Journal de Genève, bonjour.
~ Bonjour, mademoiselle. Voulez-vous me passer le service de publicité, s'il vous plaît?
– Un instant, je vous prie.
~ Grandchamps, bonjour, monsieur.
– Jean Bouvier, bonjour, monsieur. Votre journal m'intéresse. Pourriez-vous me l'envoyer 15 jours à l'essai?
~ Bien sûr, monsieur. Quelle est votre adresse?
– Rue des Alpes 23. Merci beaucoup.
~ A votre service, au revoir, monsieur.
– Au revoir, monsieur.

recevoir gratuitement (§ 37 a)	gratis erhalten
sans engagement (m) de votre part (f)	ohne Verpflichtung Ihrerseits
le service de publicité, page IX	die Werbeabteilung
composer (faire) un numéro	eine Nummer einstellen (wählen)
se tromper de numéro (m)	eine falsche Nummer wählen
je vous en prie	bitte (als Antwort auf eine Entschuldigung oder einen Dank)
se concentrer sur qch.	sich konzentrieren auf etwas
recommencer à faire qch. (§ 23 b)	wieder von vorn beginnen
refaire le numéro	die Nummer nochmals wählen
passer un service	mit einer Abteilung verbinden
envoyer à l'essai m. (à l'examen)	zur Probe (zur Ansicht) schicken
à votre service (m)	bitte (als Antwort auf einen Dank)

Expressions courantes au téléphone

a) La personne qui appelle (Die anrufende Person)

● *Elle demande une communication ou le service compétent*
(Sie verlangt eine Verbindung oder die zuständige Abteilung), page IX

Est-ce que je peux (puis-je) parler à M. Clerc (§ 19)?	Kann ich mit Herrn Clerc sprechen?
Pouvez-vous me mettre en communication avec Mme Bon?	Können Sie mich mit Frau Bon verbinden?
Veuillez me passer le service de publicité.	Bitte verbinden Sie mich mit der Werbeabteilung.

● *Elle s'est trompée de numéro (Sie hat sich in der Nummer geirrt)*

Je me suis trompé de numéro; excusez-moi, s. v. p.	Ich habe eine falsche Nummer gewählt; ich bitte um Entschuldigung.
C'est un faux (mauvais) numéro; excusez-moi.	Die Nummer ist falsch; entschuldigen Sie.

b) La personne qui reçoit l'appel (Die Person, die den Anruf erhält)

● *La personne demandée est absente pour une courte durée*
(Die verlangte Person ist für kurze Zeit abwesend)

Mlle Blanc est sortie du bureau il y a quelques minutes.	Frl. Blanc ist vor einigen Minuten aus dem Büro gegangen.
Elle sera de retour dans un quart d'heure.	Sie ist in einer Viertelstunde zurück.
Voulez-vous laisser un message?	Wollen Sie eine Nachricht hinterlassen?
Mme Rappaz est actuellement en conférence (séance).	Frau Rappaz ist gerade an einer Besprechung (Sitzung).
Est-ce qu'elle peut vous rappeler? Quel est votre numéro?	Kann sie Sie wieder anrufen? Welches ist Ihre Nummer?
M. Martin parle sur une autre ligne.	Herr Martin spricht auf einer andern Linie.
Désirez-vous attendre ou puis-je lui transmettre un message?	Möchten Sie warten, oder kann ich ihm etwas ausrichten?
Je (lui) ferai la commission.	Ich werde es (ihm) ausrichten.
La ligne est occupée; ne quittez pas.	Die Linie ist besetzt; bleiben Sie am Apparat.

9

- *La personne demandée est absente pour une période plus ou moins longue*
  (Die verlangte Person ist längere Zeit abwesend)

M. Grand est <u>en</u> vacances.	Herr Grand ist <u>in den</u> Ferien.
Est-ce que je peux (<u>puis</u>-je) vous passer Mlle Bonnard?	Kann ich Sie mit Frl. Bonnard verbinden?
M. Meunier est <u>au</u> service militaire.	Herr Meunier ist <u>im</u> Militärdienst.
Je vous passe M. Claude qui le remplace; un instant, s. v. p.	Ich verbinde Sie mit Herrn Claude, der ihn vertritt; einen Augenblick, bitte.

- *La communication n'est pas destinée à la personne qui reçoit l'appel*
  (Die Mitteilung ist nicht für die Person bestimmt, die den Anruf bekommt)

Vous avez fait <u>un</u> faux numéro.	Sie haben <u>eine</u> falsche Nummer gewählt.
Vous vous <u>êtes</u> trompé <u>de</u> numéro.	Sie <u>haben</u> sich <u>in</u> der Nummer geirrt.

- *Elle ne comprend pas bien*   *(Sie versteht nicht gut)*

Je vous comprends mal.	Ich verstehe Sie schlecht.
Je ne vous entends pas bien.	Ich höre Sie nicht gut.
Pardon, pouvez-vous épeler ce nom, s. v. p.?	Entschuldigung, können Sie bitte diesen Namen buchstabieren?

- *Elle ne peut pas continuer à parler*   *(Sie kann nicht weitersprechen)*

Nous avons été coupés.	Wir sind unterbrochen worden.

La secrétaire parfaite   (**Die vollkommene Sekretärin**)

– Je regrette, vous avez composé un faux numéro. Puis-je quand même transmettre un message?	– Es tut mir leid. Sie haben eine falsche Nummer gewählt. Kann ich trotzdem eine Nachricht übermitteln?

Exercices: le téléphone

1. Complétez et mettez le verbe au présent, puis formez la question avec «est-ce que» (§ 19)

1. M. Pache est _à_ l'étranger. (Vouloir) _Voudnez_-vous parler à Mme Grammont qui le _remplace_ ?

2. Mlle Renaud vient de sortir _du_ bureau. (Pouvoir) _Peut_-elle vous _rappeler_ ?

3. M. Clerc est absent _pour / pendant_ 2 heures. (Devoir) _Dois_-je lui faire une _commission_ ?

4. M. Dussex est _en_ conférence. (Pouvoir) _Puis_-je lui transmettre un _message_ ?

2. Remplacez le présent par le conditionnel et complétez (§ 14 b)

1. – Ici Mme Rémy. J'(aime) _aimerais_ parler _à_ M. Pernet.

2. • Il (doit) _devrait_ arriver dans quelques _minutes_.

3. – J'(ai) _aurais_ plusieurs questions à lui _poser_.

4. • Alors il vous (faut) _faudrait_ rappeler un peu plus _tard_.

5. – (Une demi-heure après) Ici Mme Rémy. Je (veux) _voudrais_ parler _à_ M. Pernet, s'il vous _plaît_.

6. • Je regrette. Il est venu, mais il (ressortir, p. c.) _est ressorti_.

7. – Est-ce qu'il (peut) _pourrait_ rappeler le numéro 78 37 91?

8. • Je lui ferai la _commission_.

3. Epelez votre nom à l'aide du code ci-après

Exemple «Gyr»: G comme Gustave, Y comme Yvonne, R comme Robert

A	Anna	F	François	K	Kilo	P	Paul	U	Ulysse
B	Berthe	G	Gustave	L	Louise	Q	Quittance	V	Victor
C	Cécile	H	Henri	M	Marie	R	Robert	W	William
D	Daniel	I	Ida	N	Nicolas	S	Suzanne	X	Xavier
E	Emile	J	Jeanne	O	Olga	T	Thérèse	Y	Yvonne
								Z	Zurich

4. Que dites-vous au téléphone

1. si vous n'avez pas fait le bon numéro?
2. si on demande votre collègue qui est sorti du bureau pour quelques minutes?
3. si on demande votre collègue qui est absent pour trois semaines?
4. si l'appel ne vous est pas destiné?
5. si vous ne comprenez pas bien la personne qui vous appelle?

3. L'entretien

Dialogue entre Mlle Paillard, employée à l'agence de voyages Bonvin S. A., de Genève, et Jean Bouvier

3 → 4

- Bonjour, monsieur, puis-je vous donner un renseignement?
- ~ Bonjour, mademoiselle, mon ami et moi aimerions passer nos vacances à Cannes. Avez-vous un prospectus sur cette ville et une liste des hôtels?
- Un instant, s'il vous plaît, je vais voir. (Une minute après, l'employée revient avec la documentation.) Voici ce que vous désirez.
- ~ Avez-vous aussi un programme des manifestations culturelles et sportives de cet été?
- Oui, monsieur, en voilà un. Il y a un festival de jazz, des cours de planches à voile, de ski nautique, etc. et un grand choix d'excursions.
- ~ Dois-je m'adresser directement à un hôtel ou vous chargez-vous de la réservation?
- Je vous réserverai volontiers une chambre par télex. Je peux même vous recommander l'hôtel «Central» qui n'est pas trop cher.
- ~ Ecoutez, je vais montrer la documentation à mon ami et nous allons y réfléchir.
- D'accord. Mais n'attendez pas trop longtemps, sinon il n'y aura plus de place.
- ~ Oui, bien sûr. Merci beaucoup, au revoir, mademoiselle.
- A votre service, au revoir, monsieur.

un entretien	eine Unterredung, ein Gespräch
une agence de voyages	eine Reiseagentur
donner un renseignement	eine Auskunft geben
le prospectus	der Prospekt
la documentation	die Unterlagen, die Dokumentation
la manifestation sportive (§ 5)	die Sportveranstaltung
un cours de planche à voile	ein Windsurfkurs
un choix (choisir)	eine Auswahl (auswählen)
se charger de qch.	etwas übernehmen, etwas besorgen
recommander qch. à qn.	jdm. etwas empfehlen
réfléchir à qch. (§ 26 b)	sich etwas überlegen, über etwas nachdenken

Expressions courantes en présence d'un client

a) L'employé salue son client et s'informe de ses désirs   (Der Angestellte begrüsst seinen Kunden und erkundigt sich nach seinen Wünschen)

Bonjour, monsieur, vous désirez?	Guten Tag, Sie wünschen?
Bonjour, madame, qu'y a-t-il pour votre service?	Guten Tag, womit kann ich Ihnen dienen?
Bonjour, mademoiselle, <u>puis</u>-je vous donner un renseignement?	Guten Tag, Fräulein, <u>kann</u> ich Ihnen eine Auskunft geben?
Bonjour, messieurs, à qui le tour?	Guten Tag, meine Herren, wer ist an der Reihe?
Bonjour, mesdames, est-ce qu'on s'occupe <u>de</u> vous?	Guten Tag, meine Damen, werden Sie bedient?

b) L'employé doit faire attendre son client   (Der Angestellte muss seinen Kunden warten lassen)

Une petite minute et je suis à vous.	Einen Augenblick, und ich werde Sie bedienen.
Préférez-vous attendre ou revenir dans un quart d'heure?	Möchten Sie lieber warten oder in einer Viertelstunde wiederkommen?
Veuillez prendre place. Voici quelques revues.	Bitte nehmen Sie Platz. Da sind einige Zeitschriften.
Est-ce que vous voulez vous asseoir un instant?	Wollen Sie sich einen Augenblick setzen?

c) Il ne peut pas renseigner le client   (Er kann dem Kunden keine Auskunft geben)

Un instant, je vous prie, je vais m'informer <u>auprès de</u> mon chef.	Einen Augenblick, bitte, ich erkundige mich gleich <u>bei</u> meinem Chef.
Un moment, s.v.p., je vais demander (§ 42b) à mon collègue.	Einen Augenblick, bitte, ich frage gleich meinen Kollegen.
Excusez-moi, je ne <u>sais</u> pas (§ 41) l'italien. Je vais appeler ma collègue.	Entschuldigen Sie, ich <u>kann</u> nicht Italienisch. Ich rufe gleich meine Kollegin.
Veuillez vous adresser au guichet N° 4.	Bitte wenden Sie sich an den Schalter Nr. 4.

d) Il remercie son client et prend congé de lui (**Er dankt seinem Kunden und verab-
schiedet sich von ihm**)

Au revoir, monsieur, à une autre fois.	Auf Wiedersehen, ein anderes Mal.
C'est moi qui vous remercie, madame; bonnes fêtes.	Ich danke Ihnen; schöne Festtage.
Je vous remercie, mademoiselle, bonnes vacances.	Vielen Dank, Fräulein, schöne Ferien.
Bonjour, madame, au plaisir de vous revoir.	Guten Tag, auf Wiedersehen.

e) Comment faut-il traduire «bitte»? (**Wie muss man «bitte» übersetzen?**)

A votre service.	Bitte schön. (Als Antwort auf einen Dank)
Il n'y a pas de quoi.	Bitte. Keine Ursache.
Je vous en prie, monsieur.	Bitte sehr. (Schon recht.)

«Le temps, c'est de l'argent.» (**«Zeit ist Geld.»**)

– Comment peut-on gagner du temps en discutant avec un client?	– Wie kann man Zeit gewinnen, wenn man mit einem Kunden diskutiert?
– Si tous les deux parlent en même temps.	– Wenn beide gleichzeitig sprechen.

Exercices: l'entretien

1. Remplacez le futur par le futur immédiat et complétez (§ 42b)

1. Un instant, s.v.p., je (demanderai) .... à mon
   ....
2. Je (m'informerai) .... auprès de mon ....
3. Ma collègue au guichet N° 3 (vous donnera) ....
   les renseignements que vous ....
4. Asseyez-vous, s'il vous plaît. Ça (prendra) .... environ cinq
   ....

2. Mettez «y» ou «en». Dialogue dans une agence de voyages (§ 13)

1. – Avez-vous un prospectus du Midi de la France, monsieur?
2. ~ .... voilà un. Vous .... trouverez aussi une carte de la région. Vous vous
   intéressez aux monuments romains?
3. – Oui, je m'.......... intéresse beaucoup.
4. ~ Alors, je vous recommande de visiter Nîmes.
5. – J'aimerais bien .... aller.
6. ~ Voici un prospectus sur les arènes.
7. – Je vous .... remercie. Je vais .... réfléchir et revenir après-demain.

3. Remplacez les expressions en italique (kursiv) par des synonymes

1. Voulez-vous *prendre place* un instant? Voici des revues.
2. *Pardonnez*-moi, mais je *crois* que vous vous trompez, monsieur.
3. Un instant, *s'il vous plaît*, je vais me renseigner.
4. Est-ce que vous *aimez mieux* attendre ou revenir dans *15 minutes?*
5. Je ne *parle* pas espagnol. *Je vous prie de* vous adresser au guichet N° 4.
6. Je vous remercie de vos renseignements. – *A votre service.*

4. Répondez aux questions

1. Comment saluez-vous une dame qui se présente à votre guichet?
2. Comment vous informez-vous de ses désirs?
3. Qu'est-ce que vous lui dites si elle doit attendre cinq minutes?
4. Que répondez-vous à un client qui parle une langue que vous ne savez pas?
5. Une cliente s'est trompée de guichet. Que lui dites-vous?
6. Un client vous remercie de vos services. Qu'est-ce que vous lui répondez?

4. Le télex

4 3 ←

Jean et son ami ont bien étudié la documentation qu'ils ont reçue: prospectus, liste des hôtels, programme des manifestations culturelles et sportives, possibilités d'excursions, etc.
Le lendemain matin, Jean retourne à l'agence de voyages Bonvin S.A. pour faire réserver une chambre. Voici les messages télex que l'agence et l'hôtel «Central» de Cannes échangent:

a) 246756 cetr f
b) 428127 bonv ch

c) tx no 977 14/6   15.20

d) pouvez vous reserver une chambre a deux lits
du 10 au 21 juillet? cfm immediatement+

mom svp
offrons chambre avec douche 190 f dejeuner et service
compris seule possibilite ok?+

mom svp
reservons ferme pour mm jean bouvier et rene dupont
cfm+

reservation notee merci++

e) 246756 cetr f
f) 428127 bonv ch

étudier la documentation	die Unterlagen studieren
le programme (§ 49f)	das Programm
la manifestation culturelle (§ 5)	die kulturelle Veranstaltung
une possibilité d'excursion	eine Ausflugsmöglichkeit
le lendemain matin	am nächsten Morgen
faire réserver une chambre	ein Zimmer reservieren (buchen) lassen
échanger des messages (m) télex	Telex-Mitteilungen austauschen
une chambre à deux lits	ein Zweibett-Zimmer
confirmer immédiatement (§ 37a)	sofort bestätigen
offrir une chambre avec douche (f)	ein Zimmer mit Dusche anbieten
service (m) compris	Bedienung inbegriffen
la seule possibilité	die einzige Möglichkeit
réserver ferme	fest reservieren (buchen)
noter une réservation	eine Reservation vormerken

16

Eléments du message télex

a) La maison à laquelle s'adresse l'appel (Die Firma, an die der Anruf gerichtet ist)

La maison qui reçoit l'appel s'annonce par son numéro et son nom.

Die Firma, die den Anruf erhält, meldet sich mit ihrer Nummer und dem Namen.

b) La maison qui appelle   (Die Firma, die anruft)

La maison qui appelle s'annonce par son numéro et son nom.

Die anrufende Firma meldet sich mit ihrer Nummer und dem Namen.

c) Le numéro du télex, la date et l'heure exacte   (Die Telexnummer, das Datum und die genaue Zeit)

Ces indications ne sont pas obligatoires, mais recommandées.

Diese Angaben sind nicht obligatorisch, aber empfehlenswert.

d) L'échange de messages   (Der Austausch von Mitteilungen)

● *Le style   (Der Stil)*

On supprime:
– la formule initiale
– les mots superflus
– les accents et la cédille
– la formule de salutations

Man lässt weg:
– die Eingangsformel
– die überflüssigen Wörter
– die Akzente und das Häkchen
– Die Grussformel

● *Exemples de style abrégé   (Abgekürzte Stilbeispiele)*

impossible = ne pouvons pas
devons = sommes obligés
immediatement = tout de suite
veuillez = nous vous prions
contactez = prenez contact

telexez = envoyez un télex

unmöglich = können nicht
müssen = sind gezwungen
sofort = auf der Stelle
wollen Sie = wir bitten Sie
kontaktieren Sie = nehmen Sie Kontakt auf
telexieren Sie = senden Sie einen Telex

● *Abréviations internationales   (Internationale Abkürzungen)*

cfm = confirmez/je confirme
mom = moment, attendez s. v. p.
occ = occupé
ok? = êtes-vous d'accord?
rap = je vous rappellerai
rpt = répétez s. v. p./je répète
svp = s'il vous plaît

cfm = bitte bestätigen Sie/ich bestätige
mom = Augenblick, bitte warten
occ = besetzt
ok? = sind Sie einverstanden?
rap = ich werde Sie wieder anrufen
rpt = wiederholen Sie bitte/ich wiederhole
svp = gefälligst, bitte

17

● *Le signe +*   *(Das Zeichen +)*

Une croix (+): La transmission est terminée. L'autre maison peut transmettre à son tour.	Ein Kreuz (+): Die Übermittlung ist beendet. Die andere Firma kann ihrerseits senden.
Deux croix (++): On n'attend plus de réponse.	Zwei Kreuze (++): Man erwartet keine Antwort mehr.

e) La maison à laquelle s'adresse l'appel   (Die Firma, an die der Anruf gerichtet ist)

La maison qui reçoit l'appel prend congé <u>par</u> son numéro et son nom.	Die Firma, die den Anruf erhält, verabschiedet sich <u>mit</u> ihrer Nummer und dem Namen.

f) La maison qui appelle   (Die Firma, die anruft)

La maison qui appelle prend congé <u>par</u> son numéro et son nom.	Die anrufende Firma verabschiedet sich <u>mit</u> ihrer Nummer und dem Namen.

Le point mal placé   (Der falsch gesetzte Punkt)

Un directeur de cirque veut envoyer à son agent en Afrique le télex suivant:	Ein Zirkusdirektor will seinem Agenten in Afrika folgenden Telex schicken:
– ai besoin de singes. envoyez-m'en deux. mille salutations. perrier	– benötige Affen. senden sie mir zwei. tausend gruesse. perrier
Malheureusement, sa secrétaire ponctue mal:	Leider interpunktiert seine Sekretärin falsch:
– ai besoin de singes. envoyez-m'en deux mille. salutations. perrier	– benötige Affen. senden sie mir zwei tausend. gruesse. perrier

Exercices: le télex

1. Abrégez le texte suivant pour un message télex

Nous ne pouvons pas vous réserver de chambres. Nous vous prions de prendre tout de suite contact avec la maison Etienne à Lausanne. Etes-vous d'accord?

2. Divisez en syllabes, puis mettez un accent où il le faut (§ 43–46)

1. refuser	5. mecanicien	9. chateau	13. ecrire
2. interessant	6. systeme	10. perfection	14. enorme
3. couter	7. escalier	11. telephone	15. modele
4. presque	8. reserver	12. fenetre	16. age

17. bateau	21. aout	25. esperer	29. cheque
18. fevrier	22. congres	26. surtout	30. repeter
19. electrique	23. accepter	27. technicien	31. respecter
20. regretter	24. region	28. protester	32. interet

3. Mettez une cédille ou un tréma où il le faut (§ 47, 48)

1. francais	4. garcon	7. commerce	10. recu
2. annoncer	5. remercier	8. lecon	11. commercial
3. Citroen	6. Israel	9. Noel	12. mosaiques

4. Vrai ou faux?

1. Le télex est moins rapide que le téléphone.
2. On peut contacter le client, même s'il est absent.
3. Le telex réunit les avantages du téléphone et ceux de la lettre.
4. Le message télex est signé.
5. Le télex évite des malentendus qui peuvent se produire dans une conversation téléphonique.

5. Répondez aux questions

1. Qui est-ce qui s'annonce d'abord dans un message télex?
2. Est-il obligatoire d'indiquer le numéro, la date et l'heure du message télex?
3. Que supprime-t-on dans un message télex?
4. Connaissez-vous quelques abréviations internationales?
5. Qu'est-ce qu'une croix indique?
6. Que transmet-on si l'on n'attend plus de réponse?

Récapitulation

Les moyens de communication

(voir pages 1 et 2)

Quel moyen de communication choisiriez-vous? Pourquoi?

1. Vous voulez vendre votre installation stéréo.
2. Vous vous informez du prix d'une nouvelle motocyclette auprès de votre garagiste.
3. Vous avisez le propriétaire que vous voulez quitter définitivement son appartement.
4. Votre père veut faire construire une maison individuelle. Il demande à sa banque de lui ouvrir un crédit de fr. 200 000.–.
5. Une agence de voyages de Lausanne demande à un hôtel de Paris s'il y a encore une chambre de libre.
6. Un fabricant a fait construire de nouveaux ateliers et invite ses clients à les visiter.
7. Un client ne paie pas votre facture. Vous la lui rappelez pour la deuxième fois.
8. En plein hiver, votre chauffage central ne fonctionne plus parce que les radiateurs perdent de l'eau. Vous avisez votre installateur qu'il doit faire la réparation nécessaire.

le moyen de communication	das Verständigungsmittel
la motocyclette	das Motorrad
s'informer de qch. auprès de qn	sich bei jdm. über etwas erkundigen
aviser le propriétaire	den Eigentümer benachrichtigen
quitter définitivement (§ 37a)	endgültig verlassen
faire construire un atelier	eine Werkstatt bauen lassen
la maison individuelle	das Einfamilienhaus
ouvrir un crédit	einen Kredit eröffnen
le fabricant (fabriquer)	der Fabrikant (herstellen)
rappeler la facture à un client	einen Kunden an die Rechnung erinnern
en plein hiver (m)	mitten im Winter
le chauffage central	die Zentralheizung
fonctionner	funktionieren, in Betrieb sein
le radiateur	der Heizkörper
la réparation (réparer)	die Reparatur (reparieren)

Deuxième dossier

Le déroulement habituel des affaires

Der übliche Geschäftsablauf

acheteur	Käufer		*vendeur*	Verkäufer
client	Kunde		*entrepreneur*	Unternehmer
locataire	Mieter		*propriétaire*	Eigentümer
touriste	Tourist		*transporteur*	Transport-unternehmer

demande générale, page 24
allgemeine Anfrage, Seite 24

offre générale, page 28
allgemeines Angebot, Seite 28

demande précise, page 32
bestimmte Anfrage, Seite 32

offre précise, page 38
bestimmtes Angebot, Seite 38

commande, ordre ou réservation,
page 44

Bestellung, Auftrag oder
Reservation, Seite 44

confirmation de la commande,
de l'ordre ou de la réservation,
page 50
Bestätigung der Bestellung,
des Auftrags oder der Reservation,
Seite 50

paiement par la poste,
par la banque ou au comptant
Zahlung durch die Post,
durch die Bank oder gegen bar

livraison ou d'autres services
et facture
Lieferung oder andere
Dienstleistungen und Rechnung

La conclusion d'un contrat (voir aussi page 57)
Der Abschluss eines Vertrags (siehe auch Seite 57)

Monsieur Charles Bouvier	Madame Claudine Bouvier	Jean Bouvier
comptable diplômé qui ouvre un bureau de comptabilité diplomierter Buchhalter, der ein Buchhaltungsbüro eröffnet	*ménagère et employée de bureau* Hausfrau und Büroangestellte	*apprenti de commerce* kaufmännischer Lehrling

achat d'un ordinateur (produit fini)	**achat** de formulaires (faire fabriquer un produit)	**location** d'un appartement de vacances	**réservation** d'un car avec chauffeur
↓	↓	↓	↓
à un vendeur, à un fournisseur ou auprès d'une entreprise commerciale	à (par) un entrepreneur, artisan, une entreprise industrielle ou artisanale	à un(e) propriétaire ou à un bureau ou une agence de location	auprès d'un transporteur ou d'une entreprise de transports
Kauf eines Computers (Fertigprodukt)	**Kauf** von Formularen (ein Produkt herstellen lassen)	**Mieten** einer Ferienwohnung	**Reservation** eines Cars mit Fahrer
↓	↓	↓	↓
bei einem Verkäufer, Lieferanten oder kaufmännischen Unternehmen	bei (von) einem Unternehmer, Handwerker, Industrie- oder Gewerbebetrieb	bei einem (einer) Eigentümer(in) oder Vermietungsbüro oder Vermietungsagentur	bei einem Transportunternehmer oder Transportunternehmen
↓	↓	↓	↓
conclusion d'un contrat de vente Abschluss eines Kaufvertrags	*conclusion d'un contrat d'entreprise* Abschluss eines Werkvertrags	*conclusion d'un contrat de location* Abschluss eines Mietvertrags	*conclusion d'un contrat de transport* Abschluss eines Transportvertrags

La famille Bouvier

M. Charles Bouvier est un employé de commerce de 43 ans habitant Genève. Après son apprentissage, il a travaillé dans différentes branches et a suivi des cours pour obtenir le diplôme fédéral de comptable.

En dehors de son activité principale, il tient la comptabilité de plusieurs artisans et commerçants: boulangers, garagistes, horlogers, etc. Cette occupation lui a donné envie de travailler à son compte et d'être son propre chef.

M. Bouvier va donc ouvrir un bureau de comptabilité. Mais d'abord, il lui faudra acheter des meubles, un ordinateur et des fournitures de bureau. Une banque lui accordera le crédit nécessaire.

Sa femme, Claudine Bouvier, a 41 ans. Elle tient le ménage et travaille le matin chez un avocat. C'est elle qui s'occupe de la location d'un appartement pour les vacances de sa famille.

Leur fils Jean a 18 ans. Il est en deuxième année d'apprentissage. Ses camarades de classe de l'école professionnelle de commerce l'ont chargé d'organiser une excursion.

un employé de commerce	ein kaufmännischer Angestellter
faire un apprentissage	eine Lehre machen (absolvieren)
suivre un cours	einen Kurs besuchen
obtenir un diplôme	ein Diplom erhalten
le diplôme fédéral de comptable	das eidgenössische Buchhalterdiplom
l'activité (f) principale	der Hauptberuf
tenir (faire) la comptabilité	die Buchhaltung führen
un artisan	ein Handwerker, ein Gewerbetreibender
le (la) commerçant(e), § 5	der Kaufmann (die Geschäftsfrau)
le (la) boulanger(ère)	der (die) Bäcker(in)
un(e) horloger(ère)	ein(e) Uhrmacher(in)
une occupation	eine Beschäftigung
la location	das Mieten
donner envie (f) à qn de faire qch.	jdn. anregen; Lust bekommen, etwas zu tun
travailler à son (propre) compte	auf eigene Rechnung arbeiten
acheter un ordinateur	einen Computer kaufen
les fournitures (f) de bureau	die Bürobedarfsartikel
accorder un crédit	einen Kredit gewähren
faire (tenir) le ménage	den Haushalt besorgen (führen)
un avocat (§ 49k)	ein Rechtsanwalt (ein Advokat)
une école professionnelle commerciale (de commerce)	eine kaufmännische Berufsschule
charger qn de faire qch.	jdn. beauftragen, etwas zu tun

5. La demande générale

Demande de documentation pour meubles et machines de bureau

5 → 7

Genève, le 25 mai 19..

Messieurs Pierre Borel S.A.
26, rue du Rhône

F-69000 <u>Lyon</u>

Messieurs,

a) En visitant votre stand à la Foire d'échantillons de Bâle, j'ai été impressionné par le grand choix de vos meubles et de vos machines de bureau.

b) Comme je vais ouvrir un bureau de comptabilité prochainement, je m'intéresse à votre
c) programme de fabrication. Je vous prie donc de m'envoyer vos prospectus des modèles les plus demandés. Veuillez également joindre un prix courant à votre documentation.

Je vous présente, Messieurs, mes salutations distinguées.

Charles Bouvier
Rue des Alpes 23
CH-1201 Genève

la demande générale	die allgemeine Anfrage
la demande de documentation	die Bitte um Unterlagen
le meuble de bureau	das Büromöbel
visiter un stand	einen Stand besuchen
la Foire d'échantillons de Bâle	die Basler Mustermesse
impressionner qn (<u>une</u> impression)	jdn. beeindrucken (<u>ein</u> Eindruck)
<u>le</u> choix, choisir	<u>die</u> (Aus)Wahl, (aus)wählen
le bureau de comptabilité	das Buchhaltungsbüro
s'intéresser <u>à</u> qch. (§ 26b)	sich <u>für</u> etwas interessieren
le programm<u>e</u> de fabrication (§ 49c)	das Fabrikationsprogramm
envoyer un prospectus	einen Prospekt senden
un modèle très demandé	ein sehr gefragtes Modell
également (aussi), § 37a	ebenfalls (auch)
joindre <u>un</u> prix courant (un tarif)	<u>eine</u> Preisliste beifügen
présenter des salutations (f) distinguées	freundliche Grüsse entbieten

Eléments de la demande générale et variantes

a) Pour faciliter le premier contact, l'intéressé indique une référence
(Um den ersten Kontakt zu erleichtern, gibt der Interessent eine Referenz an)

Un de vos clients, M. Paul Cavin, m'a recommandé votre entreprise.

Einer Ihrer Kunden, Herr Paul Cavin, hat mir Ihr Unternehmen empfohlen.

J'ai lu votre annonce dans la «Gazette de Lausanne».

Ich habe Ihre Anzeige in der «Gazette de Lausanne» gelesen.

J'ai visité la Foire d'échantillons de Bâle.

Ich habe die Basler Mustermesse besucht.

b) L'intéressé motive sa demande **(Der Interessent begründet seine Anfrage)**

Ma clientèle demande vos spécialités.

Meine Kundschaft verlangt Ihre Spezialitäten.

Mon stock est presque épuisé.

Mein Lager ist beinahe erschöpft.

Je m'intéresse à un compte de chèques postaux (§ 7b).

Ich interessiere mich für ein Postscheckkonto.

J'ai l'intention de conclure une assurance auprès de votre compagnie.

Ich beabsichtige, bei Ihrer Gesellschaft eine Versicherung abzuschliessen.

Je voudrais passer mes vacances en France.

Ich möchte meine Ferien in Frankreich verbringen.

c) Il s'informe et se documente **(Er erkundigt sich und sammelt Unterlagen)**

Veuillez m'adresser votre catalogue (prospectus).

Bitte senden Sie mir Ihren Katalog (Prospekt).

Je vous prie de m'envoyer (§ 27) votre documentation.

Ich bitte Sie um Zusendung Ihrer Unterlagen.

Je désire avoir la visite de votre représentant.

Ich wünsche den Besuch Ihres Vertreters.

Pourriez-vous me faire parvenir votre brochure?

Könnten Sie mir Ihre Broschüre zukommen lassen?

Demande de documentation sur une station touristique

6 → 8

Genève, le 14 mars 19..

Office de tourisme

F-56170 Quiberon

Messieurs,

Votre station nous a .... recommandée .... des connaissances .... sont (enchanter) .... de la région et .... grande plage de sable.

Nous aimerions (égal) .... passer nos vacances .... été .... la presqu'île de Quiberon. (Vouloir, impératif) .... donc nous .... votre prospectus avec une liste .... meublés.

Nous vous (présenter) ...., Messieurs, nos salutations (distingué) ....

Claudine Bouvier
Rue des Alpes 23
CH-1201 Genève

la demande de documentation	die Bitte um Unterlagen
la station (touristique)	der Kurort
un office de (du) tourisme	ein Verkehrsbüro
recommander une région	eine Gegend empfehlen
la connaissance (connaître)	der (die) Bekannte (kennen)
être enchanté(e) de qch.	begeistert sein von etwas
la plage de sable	der Sandstrand
la presqu'île de Quiberon	die Halbinsel Quiberon
donc	deshalb
la liste	die Liste
un (appartement) meublé	eine möblierte Wohnung

26

Exercices: la demande générale

1. Mettez à la forme passive (§ 16a)

1. Un de mes collègues, M. Jules Clerc, m'a recommandé votre maison.
2. Une de mes clientes, Mme Eve Martin, m'a indiqué votre nom.
3. Une de mes connaissances, M. Luc Blanc, m'a donné votre adresse.
4. Le choix de vos machines m'a impressionné.

2. Commencez la proposition subordonnée par «comme» et complétez (§ 33b)

1. (M'intéressant) .... à un compte de chèques postaux, je vous prie de m'envoyer votre d...................................... ....

2. (Désirant) .... conclure une assurance auprès de votre compagnie, j'aimerais avoir la visite de votre r................................ .

3. (Ayant) .... l'intention de passer mes vacances en France, je vous prie de me faire parvenir votre c.................................. .

3. Traduisez (§ 27)

1. Ich bitte Sie um Zustellung Ihres Möbelkatalogs.
2. Ich bitte Sie um Zusendung Ihrer Broschüre «In meinen vier Wänden».
3. Wir bitten Sie um Unterlagen über Ihre Sprachkurse.

4. Mettez dans l'ordre logique et remplacez les expressions en italique (kursiv) par des synonymes
(→ Exercice 4, page 31)

1. Le 27 septembre, Roger Jaccard, droguiste, 4500 Soleure, écrit à Henri Deprez & Cie, culture biologique de légumes, rue du Jura 15, 1260 Nyon:
..... Je vous prie donc de m'*envoyer* votre documentation ainsi qu'un prix courant.
..... Comme *ma clientèle* demande de plus en plus des produits naturels, je *voudrais* tenir quelques jus de légumes biologiques.
..... Je vous remercie de votre prompte réponse.
..... Veuillez *également* me faire parvenir un échantillon de tous vos jus.
..... Votre *entreprise* m'a été recommandée par un de vos clients, M. André Gerber, Bienne.
..... Recevez, Messieurs, mes salutations *les meilleures*.

Dans les exemples suivants, les salutations ne seront plus mentionnées.

6. L'offre générale

Meubles et machines de bureau

7 5 ↔ 9

Lyon, le 28 mai 19..

Monsieur Charles Bouvier
Rue des Alpes 23

CH-1201 Genève

Monsieur,

a) Nous venons de recevoir votre demande et vous en remercions vivement.

b) Vous trouverez ci-joint un catalogue et des prospectus
- de nos meubles de bureau en bois, en acier et en matière synthétique
- de nos machines de bureau électroniques.

Les ordinateurs qu'on nous demande le plus se trouvent aux pages 18 et 19 du catalogue.

c) Notre nouvelle représentation à Genève, la maison Jacques Verdier & Cie, 14, rue du Simplon, sera heureuse de vous donner des renseignements complémentaires ou de vous présenter les machines. Elle vous indiquera également les prix.

Veuillez agréer, Monsieur, nos salutations distinguées.

Pierre Borel S.A.

Annexes:
un catalogue
cinq prospectus

une offre générale	ein allgemeines Angebot
le meuble de bureau	das Büromöbel
remercier qn vivement de qch. (§ 26a)	jdm. für etwas bestens danken
ci-joint (ci-inclus)	als Beilage
un meuble en acier	ein Stahlmöbel
la matière synthétique	der Kunststoff
la machine électronique (§ 44)	die elektronische Maschine
un ordinateur	ein Computer (Elektronenrechner)
la représentation (représenter)	die Vertretung (vertreten)
être heureux(se) de faire qch.	sich freuen, etwas zu tun
des renseignements (m) complémentaires	weitere Auskünfte
présenter une machine	eine Maschine vorführen
indiquer le prix	den Preis angeben

Eléments de l'offre générale et variantes

a) Le vendeur* remercie l'intéressé de sa demande   (Der Verkäufer* dankt dem Interessenten für seine Anfrage)

Nous vous remercions vivement de votre demande d'hier.

Vielen Dank für Ihre gestrige Anfrage.

b) Il envoie la documentation désirée   (Er schickt die gewünschten Unterlagen)

Vous recevrez ci-joint (§ 22a) nos derniers prospectus.

Sie erhalten als Beilage unsere neuesten Prospekte.

Vous trouverez en annexe notre catalogue illustré.

Sie finden als Beilage unseren bebilderten Katalog.

La brochure ci-incluse (§ 22b) vous renseignera sur toutes les questions.

Die beiliegende Broschüre orientiert Sie über alle Fragen.

Les échantillons de thé vous parviendront par courrier séparé.

Die Teemuster werden Ihnen mit getrennter Post zugehen.

c) Il reste à la disposition de l'intéressé pour d'autres renseignements   (Er steht dem Interessenten für weitere Auskünfte zur Verfügung)

Nous sommes à votre disposition pour tous (les) renseignements complémentaires.

Wir stehen für alle weiteren Auskünfte zu Ihrer Verfügung.

Si vous avez d'autres questions à nous poser, nous y (§ 13b) répondrons avec plaisir.

Wenn Sie weitere Fragen haben, werden wir sie gerne beantworten.

Nous serions heureux (§ 29) de vous soumettre une offre détaillée.

Es würde uns freuen, Ihnen ein ausführliches Angebot zu unterbreiten.

---

* «Vendeur» ici expression générale pour «entrepreneur, propriétaire, transporteur, banque, société d'assurances», etc.

* «Verkäufer» hier allgemeiner Ausdruck für «Unternehmer, Eigentümer (Vermieter), Transportunternehmer, Bank, Versicherungsgesellschaft» u. a. m.

Envoi de documentation sur une station touristique

8 6 ↔ 10

Quiberon, le 18 mars 19..

Madame Claudine Bouvier
Rue des Alpes 23

CH-1201 <u>Genève</u>

Madame,

Nous vous _____ vivement _____ demande.

Vous _____ ci-joint le prospectus _____ ainsi qu'une liste _____ meublés.

Si vous _____ louer un appartement, vous (vouloir, futur) _____ bien vous adresser (direct) _____ au propriétaire ou _____ agence indiquée. Ils (être, futur) _____ votre disposition pour (tout) _____ renseignements complémentaires.

Nous vous prions _____ agréer, Madame, nos salutations les _____ .

Office de tourisme
Quiberon

Annexes:

un prospectus

une liste _____ meublés

<u>un</u> envo<u>i</u> (envoyer)	<u>eine</u> Sendung (senden)
la documentation	die Unterlagen
<u>la</u> station (touristique)	<u>der</u> Kurort
remercier qn vivement <u>de</u> qch. (§ 26a)	jdm. <u>für</u> etwas bestens danken
ci-joint (§ 22)	als Beilage
ainsi que	sowie
<u>un</u> (appartement) meublé	<u>eine</u> möblierte Wohnung
<u>louer</u> <u>un</u> appartement	<u>eine</u> Wohnung mieten
s'adresser à qn	sich an jdn. wenden
le (la) propriétaire	der (die) Eigentümer(in)
une agence (de location)	eine (Vermietungs)Agentur
indi<u>qu</u>er (une indi<u>cat</u>ion)	angeben (eine Angabe)
être à la disposition de qn	jdm. zur Verfügung stehen
<u>des</u> renseignements (m) complémentaires	weitere Auskünfte
un office de (du) tourisme	ein Verkehrsbüro

Exercices: l'offre générale

1. Mettez la préposition convenable et les pronoms-adverbes «y» ou «en» (§ 13)

1. Nous venons .... recevoir votre demande et vous .... remercions.
2. Vous recevrez .... annexe notre catalogue. Vous .... trouverez tous les détails.
3. Grâce .... une liquidation, notre offre est intéressante. Profitez-........
4. Si vous avez des questions .... nous poser, nous .... répondrons .... plaisir.
5. Nous sommes prêts .... vous donner des précisions techniques .... cas où vous .... auriez besoin.

2. Traduisez (§ 14a, 22)

1. Sie erhalten als Beilage unsere bebilderte Broschüre.
2. Sie finden als Beilage die gewünschten Prospekte.
3. Mit getrennter Post erhalten Sie einige Kaffeemuster.
4. Die Probenummern werden Ihnen mit getrennter Post zugehen.

3. Mettez les verbes à la forme convenable et complétez (§ 17a)

1. Si vous le (désirer) ...., notre représentant vous (conseiller) .... avec ....
2. S'il vous (falloir) .... des renseignements plus précis, notre voyageur se (faire) .... un plaisir de passer chez ....
3. Si vous (vouloir) .... voir fonctionner la machine, nous (être) .... heureux de vous la ....

4. Mettez dans l'ordre logique et remplacez les expressions en italique (kursiv) par des synonymes
(Exercice 4, page 27 ←)

1. Le 28 septembre, la maison Henry Deprez & Cie, culture biologique de légumes, 1260 Nyon, écrit à Roger Jaccard, droguiste, Industriestrasse 74, 4500 Soleure:
   .... Les échantillons vous *seront adressés* par courrier séparé.
   .... Nous vous remercions *sincèrement* de votre demande d'hier.
   .... Nous *restons* à votre disposition pour tous renseignements complémentaires.
   .... Vous *recevez ci-inclus* la documentation *désirée* sur nos jus de légumes biologiques.

7. La demande précise

Machine de bureau

9 7 ↔ 12

Genève, le 31 mai 19..

Messieurs J. Verdier & Cie
Rue du Simplon 14

1207 <u>Genève</u>

Messieurs,

a) La maison Pierre Borel S.A. de Lyon m'a envoyé de la documentation sur ses machines et meubles de bureau et m'a indiqué votre adresse.

b)
c) Votre ordinateur PERFECTA, système 30, avec des programmes pour la comptabilité et le traitement de textes m'intéresse particulièrement. Je vous prie donc de me soumettre une offre. Quelles sont vos conditions de livraison et de paiement?

d) Si votre offre me convient, je vous commanderai d'autres fournitures pour mon nouveau bureau de comptabilité.

Veuillez agréer, Messieurs, mes salutations les meilleures.

Charles Bouvier
Rue des Alpes 23
1201 Genève

la demande précise	die bestimmte Anfrage
indiquer une adresse	eine Adresse angeben
un ordinateur	ein Computer, ein Elektronenrechner
le système (§ 49f)	das System
la comptabilité	die Buchhaltung
le traitement de textes	<u>die</u> Textverarbeitung
intéresser (un intérêt), § 43, 44	interessieren (ein Interesse)
particulier(ière), § 5	besonders
soumettre une offre	ein Angebot unterbreiten
la condition	die Bedingung
la livraison (livrer)	die Lieferung (liefern)
le paiement (payer)	<u>die</u> Zahlung (zahlen)
convenir à qn	jdm. zusagen, passen
commander qch. à qn (la commande)	etwas <u>bei</u> jdm. bestellen (die Bestellung)
les fournitures (f) de bureau	die Büromaterialien

Eléments de la demande précise et variantes

a) L'intéressé indique en général une référence   (Der Interessent gibt gewöhnlich eine Referenz an)

● *Il se réfère à une personne ou à un moyen de publicité   (Er bezieht sich auf eine Person oder ein Werbemittel)*

voir La demande générale, alinéa a, page 25

siehe Die allgemeine Anfrage, Abschnitt a, Seite 25

● *Il se réfère à l'offre générale   (Er bezieht sich auf das allgemeine Angebot)*

Il y a quelques jours, vous m'avez envoyé votre documentation.

Vor einigen Tagen haben Sie mir Ihre Unterlagen geschickt.

b) Il motive sa demande   (Er begründet seine Anfrage)

● *Entreprises industrielles et commerciales   (Industrie- und Handelsunternehmen), page VIII*

Votre ordinateur PERFECTA m'intéresse particulièrement (§ 37a).

Ihr Computer PERFECTA interessiert mich besonders.

J'ai l'intention de faire construire un garage.

Ich beabsichtige, eine Garage bauen zu lassen.

● *Entreprises de services   (Dienstleistungsbetriebe), page VIII*

Mes collègues m'ont chargé d'organiser une excursion.

Meine Kollegen haben mich beauftragt, einen Ausflug zu organisieren.

J'aimerais moderniser mes bureaux. (Demande de crédit)

Ich möchte meine Büros modernisieren. (Kreditgesuch)

c) Il demande une offre précise   (Er bittet um ein bestimmtes Angebot)

● *Entreprises industrielles et commerciales   (Industrie- und Handelsunternehmen), page VIII*

Je vous prie de me soumettre une offre détaillée.

Ich bitte Sie, mir ein ausführliches Angebot zu unterbreiten.

Quelles sont vos conditions de livraison et de paiement?

Welches sind Ihre Liefer- und Zahlungsbedingungen?

Pouvez-vous me réserver une chambre du 3 au 15 août?	Können Sie mir ein Zimmer vom 3. bis 15. August reservieren?
Il me faut (j'ai besoin d') un crédit de fr. 30000.–.	Ich benötige einen Kredit von Fr. 30000.–.

d) L'intéressé essaie éventuellement d'obtenir des conditions favorables (Der Interessent versucht unter Umständen, günstige Bedingungen zu erlangen)

Si vos conditions sont favorables, je vous passerai une commande importante (§ 17a).	Wenn Ihre Bedingungen günstig sind, werde ich Ihnen eine grössere Bestellung erteilen.
Si votre offre me convient, vous pourrez compter sur un ordre important (§ 9).	Wenn Ihr Angebot mir zusagt, können Sie mit einem grösseren Auftrag rechnen.
Si votre offre est avantageuse, je vous commanderai d'autres fournitures de bureau.	Wenn Ihr Angebot vorteilhaft ist, werde ich bei Ihnen weitere Büromaterialien bestellen.

Demande d'offre superflue   (Offertanfrage überflüssig)

L'apprentie heureuse à sa collègue:	Die glückliche Lehrtochter zu ihrer Kollegin:
– Moi, je ne me casse jamais la tête pour mes vacances.	– Ich zerbreche mir nie den Kopf über meine Ferien.
– Je ne te comprends pas.	– Ich verstehe dich nicht.
– Mon patron en fixe la date, mon ami choisit l'endroit et mes parents paient l'hôtel.	– Mein Chef setzt das Datum fest, mein Freund wählt den Ort aus, und meine Eltern zahlen das Hotel.

Demande précise pour un meublé de vacances

10 8 ↔ 13

Genève, le 22 mars 19..

Madame Hélène Burnand
4, rue du Port

F-56170 Quiberon

Madame,

Nous (trouver) .... votre adresse .... la liste ....

meublés .... l'office de tourisme .... votre station nous a ....

Mon mari et (je) ...., ainsi que .... fils de 18 ans,

.... passer nos vacances (ce) .... été sur la presqu'île ....

Quiberon. Votre logement est- .... encore libre .... 18 juillet .... 4 août et quel ....

serait le prix?

(Recevoir) ...., Madame, nos salutations ....

Claudine Bouvier-Roche
Rue des Alpes 23
CH-1201 Genève

un (appartement) meublé	eine möblierte Wohnung
le port	der Hafen
la liste	die Liste
un office de (du) tourisme	ein Verkehrsbüro
la station (touristique)	der Kurort
le mari, la femme	der (Ehe)mann, die Frau
ainsi que	sowie
le fils (la fille)	der Sohn (die Tochter)
passer ses vacances (f)	seine Ferien verbringen
la presqu'île	die Halbinsel
le logement (loger)	die Wohnung (wohnen)
libre (occupé)	frei (besetzt)

Demande précise pour une excursion (voir carte, page 54)

Entretien téléphonique entre la maison Murset & Cie, voyages et transports, et Jean Bouvier

11 → 14

- – Murset, bonjour.
- ~ Bonjour, mademoiselle. Je voudrais réserver un car pour une course d'école.
- – Un instant, s'il vous plaît. Je vous passe M. Coulon.
- • Coulon, bonjour, monsieur.
- ~ Bonjour, monsieur. Jean Bouvier. Je suis apprenti. A l'école professionnelle de commerce, mes camarades de classe m'ont chargé d'organiser une excursion.
- • Avez-vous déjà une idée précise?
- ~ Oui, nous avons pensé à Chamonix, puis à Aoste, par le tunnel du Mont-Blanc. Ensuite, nous voudrions aller au col du Grand Saint-Bernard et visiter le musée de l'hospice. Au retour, nous passerions par Martigny et l'autoroute du Léman.
- • C'est un bel itinéraire. Vous serez combien de personnes?
- ~ 20 garçons et filles et un professeur.
- • Quel jour avez-vous fixé?
- ~ Si possible le mardi 30 juin.
- • Je vais voir. Certains jours, nos cars sont très demandés. (Quelques secondes après) Oui, ça peut s'arranger.
- ~ Nous avons 17 ou 18 ans. Accordez-vous une réduction spéciale aux élèves et apprentis?
- • Oui. Elle est de 20%. Je vais vous soumettre une offre. Quelle est votre adresse?
- ~ Rue des Alpes 23.
- • Merci bien. Notre offre partira par le prochain courrier.
- ~ Je vous remercie. Au revoir, monsieur.
- • A votre service. Au revoir, monsieur.

la course d'école	die Schulreise
charger qn de faire qch.	jdn. beauftragen, etwas zu tun
le col	der (Berg-)Pass
le musée de l'hospice (m)	das Museum im Hospiz
un itinéraire	eine Reisestrecke
cela peut s'arranger	das lässt sich einrichten
accorder une réduction (de prix)	eine (Preis-)Ermässigung gewähren
soumettre une offre	ein Angebot unterbreiten
par le prochain courrier	mit der nächsten Post

Exercices: la demande précise

1. Mettez la marque du pluriel où il le faut (§ 1, 2)

Veuillez me donner des renseignements précis sur vos

1. bijou	4. haut-parleur	7. chauffe-eau
2. pneu	5. lave-vaisselle	8. coffre-fort
3. rideau	6. jeu de société	9. costume de bain

2. Traduisez (§ 27)

1. Ich bitte Sie um Reservation eines Zimmers vom 7. bis 21. August.
2. Ich bitte Sie um Eröffnung eines Kredits von Fr. 65 000.–.
3. Wir bitten Sie um ein ausführliches Angebot für 5000 Kugelschreiber.
4. Wir bitten Sie um Beratung in dieser Angelegenheit (affaire f.).

3. Accordez les verbes (§ 9, 17a)

1. Si votre offre me (convenir) ...., je vous (passer) .... une commande importante.
2. Si vos échantillons me (plaire) ...., vous (pouvoir) .... compter sur un ordre important.
3. Si vos prix me (paraître) .... intéressants, je vous (comman-der) .... d'autres formulaires.

4. Mettez dans l'ordre logique et rédigez la lettre
(→ Exercice 3, page 43)

1. Le 30 novembre, Hans Brunner, apprenti de commerce, Badenerstrasse 765, 8048 Zurich, écrit à la librairie André Perret S.A., boîte postale 4872, 1001 Lausanne:

..... Ses camarades de classe s'intéressent également au magazine de la librairie Perret S.A. Si leur offre est avantageuse, il commandera plusieurs abonnements.

..... Comme il voudrait perfectionner ses connaissances de français, il prie Perret S.A. de lui envoyer deux ou trois spécimens. Il demande à la librairie quel est le prix d'un abonnement annuel et combien de numéros il comprend.

..... Son professeur de français à l'école professionnelle de commerce, Mme Proz, lui a recommandé le magazine «Jeunesse d'aujourd'hui».

8. L'offre précise

Machine de bureau

12 9 ↔ 15

Genève, le 2 juin 19..

Monsieur Charles Bouvier
Rue des Alpes 23

1201 Genève

Monsieur,

a) Nous vous remercions sincèrement de votre demande du 31 mai.

b) C'est avec plaisir que nous vous soumettons l'offre suivante:

Ordinateur PERFECTA, système 30, avec des programmes pour la comptabilité et le traitement de textes, modèle standard, avec corrections automatiques, selon le prospectus no 7.

c) Prix   fr. 8640.-, y compris une demi-journée d'instruction de service
Livraison   3 à 4 semaines, par camionnette franco domicile
Paiement   2% d'escompte dans les 30 jours ou à 60 jours net
Garantie   un an

d) Grâce au nouveau système, vous comptabiliserez plus vite, sans peine et avec plus de précision. Le prix est justifié par de nombreux avantages que nous vous montrerons à la date qui vous conviendra le mieux.

e) Vous pouvez compter sur une exécution soignée de votre commande.

Veuillez agréer, Monsieur, nos salutations distinguées.

Jacques Verdier & Cie

une offre précise	ein bestimmtes Angebot
soumettre une offre	ein Angebot unterbreiten
le traitement de textes (m)	die Textverarbeitung
le modèle standard	das Standardmodell
une instruction de service	eine Bedienungsanleitung
selon le prospectus n° 7	gemäss Prospekt Nr. 7
livraison (f) par camionnette (f)	Lieferung mit Lieferwagen
franco domicile (m)	frei Haus
2% d'escompte m. (§ 4b) dans les 30 jours (m)	2% Skonto innert (binnen) 30 Tagen
comptabiliser	buchen
de nombreux avantages (m), § 4b	zahlreiche Vorteile
une exécution soignée (exécuter soigneusement)	eine sorgfältige Ausführung (sorgfältig ausführen)

Eléments de l'offre précise et variantes

a) Le vendeur se réfère à la demande de l'intéressé   (Der Verkäufer bezieht sich auf die Anfrage des Interessenten)

voir aussi L'offre générale, alinéa a, page 29

siehe auch Das allgemeine Angebot, Abschnitt a, Seite 29

Nous revenons à notre entretien téléphonique d'hier.

Wir kommen auf unser gestriges Telefongespräch zurück.

b) Il soumet l'offre demandée   (Er unterbreitet das verlangte Angebot)

Nous sommes heureux (§ 29) de vous soumettre l'offre suivante: ...

Es freut uns, Ihnen das folgende Angebot zu unterbreiten: ...

c) Le vendeur précise les conditions   (Der Verkäufer nennt die Bedingungen)

● *Il précise le prix   (Er nennt den Preis)*

Le prix est de fr. 160.–.

Der Preis beträgt Fr. 160.–.

Le prix s'élève à fr. 290.–.

Der Preis beläuft sich auf Fr. 290.–.

● *Il précise les conditions de paiement   (Er nennt die Zahlungsbedingungen)*

Mode de paiement: Nos prix s'entendent net

Zahlungsart: Unsere Preise verstehen sich netto

Délai de paiement: payable dans les 60 jours

Zahlungsfrist: zahlbar innert (binnen) 60 Tagen

● *Il précise les conditions de livraison   (Er nennt die Lieferbedingungen)*

Délai de livraison: livrable au début de juin

Lieferfrist: lieferbar anfangs Juni

Mode de transport: par camion (par avion)

Transportart: mit Lastwagen (mit dem Flugzeug)

Frais de transport: franco domicile (le vendeur les paie)

Transportkosten: frei Haus (der Verkäufer zahlt sie)

Port et emballage non compris (l'acheteur les paie)

Porto und Verpackung nicht inbegriffen (der Käufer zahlt sie)

● *Il précise la durée de garantie   (Er nennt die Garantiedauer)*

Garantie: un an à partir du jour de vente

Garantie: ein Jahr vom Verkaufstag an

● *L'agence précise les conditions de voyage et de logement*   *(Die Agentur nennt die Reise- und Unterkunftsbedingungen)*

Prix, itinéraire, date, durée, confort des chambres, acompte	Preis, Reisestrecke, Datum, Dauer, Komfort der Zimmer, Anzahlung

d) Le vendeur fait de la publicité pour ses produits ou ses services   (Der Verkäufer wirbt für seine Erzeugnisse oder Dienstleistungen)

Il en présente les avantages et justifie le prix par la qualité.	Er weist auf deren Vorzüge hin und rechtfertigt den Preis mit der Qualität.

e) Il espère recevoir l'ordre et/ou promet de bons services   (Er hofft, den Auftrag zu erhalten und/oder verspricht gute Dienste)

Nous espérons que vous nous accorderez votre confiance.	Wir hoffen, dass Sie uns Ihr Vertrauen schenken.
Nous exécuterons votre commande avec le plus grand soin (avec tous nos soins).	Wir werden ihre Bestellung mit der grössten Sorgfalt (mit aller Sorgfalt) ausführen.
Nous garantissons une exécution soignée de votre ordre.	Wir garantieren (bürgen für) eine sorgfältige Ausführung Ihres Auftrages.

Drôle d'offre   (Merkwürdiges Angebot)

Un pédicure parisien offre ses services au tarif suivant:	Ein Pariser Fusspfleger bietet seine Dienste zu folgendem Tarif an:
un pied: 30 francs	ein Fuss: 30 Franken
tous: 55 francs	alle: 55 Franken

Offre pour un meublé de vacances

13 $10 \leftrightarrow 16$

Quiberon, le 26 mars 19..

Madame Claudine Bouvier
Rue des Alpes 23

CH-1201 <u>Genève</u>

Madame,

Je vous remercie .... de votre demande .... 22 mars.

L'appartement .... est encore libre .... 18 juillet .... 4 août. Il est à 3 minutes .... pied de la plage et a une grande salle de séjour, deux chambres .... coucher, une salle .... bains avec W.-C. séparé et une (cuire) .... moderne.

Le prix .... 2800 F .... toute la période, y (comprendre) .... la taxe de séjour et le (nettoyer, substantif) ....

.... juillet et août, j'ai plusieurs demandes. Je vous prie donc .... dès que possible un acompte de 800 F .... vous vous décidez à réserver (définitif) .... l'appartement.

Je .... heureuse de vous accueillir .... moi et vous (présenter) .... , Madame, mes salutations les ....

Hélène Burnand

Annexe: une photo .... maison

à 3 minutes de <u>la</u> plage	3 Minuten vom Strand (entfernt)
la salle de séjour (le salon)	das Wohnzimmer
la période (périodique)	die Periode, die Zeit (periodisch)
la taxe de séjour	die Kurtaxe
verser <u>un</u> <u>a</u>compte	<u>eine</u> Anzahlung leisten
dès que possible	sobald wie möglich
se décider <u>à</u> faire qch. (§ 23b)	sich entschliessen, etwas <u>zu</u> tun
définitif(ve)	definitiv, endgültig
être heureux(se) <u>de</u> faire qch.	sich freuen, etwas <u>zu</u> tun
accueillir qn, recevoir qn	jdn. empfangen

Offre pour une course d'école (voir carte page 54)

14 11 ↔ 17

Genève, le 26 mai 19..

Monsieur Jean Bouvier
Rue des Alpes 23

1201 Genève

Monsieur,

Revenant à notre entretien téléphonique d'avant-hier, nous sommes heureux de vous soumettre l'offre suivante:

Course d'école en autocar tout confort

Date	mardi 30 juin 19..
Nombre de personnes	20 élèves et un professeur
Itinéraire	Genève – Chamonix – Tunnel du Mont-Blanc – Aoste – Col du Grand St-Bernard – Martigny – Lausanne – Genève (350 km)

Prix pour car de 26 personnes		fr. 820.-
Réduction spéciale 20%	fr. 164.-	fr. 656.-
Pourboire du chauffeur		fr. 30.-
Repas de midi du chauffeur		fr. 12.-
Paiement dans les 30 jours net		fr. 698.-

Vous serez tous enchantés de nos cars modernes conduits par des chauffeurs expérimentés. Vous voyagerez en première classe sur la route, à un prix calculé au plus juste.

Nous espérons que vous nous accorderez votre confiance et vous présentons, Monsieur, nos salutations les meilleures.

A. Murset & Cie
Voyages et transports

la course d'école	die Schulreise
revenir à un entretien	auf eine Unterredung zurückkommen
le confort (confortable), § 49k	der Komfort (komfortabel, bequem)
un itinéraire	eine Reisestrecke
une réduction spéciale	eine besondere Ermässigung
le pourboire	das Trinkgeld
le repas de midi	das Mittagessen
être enchanté de qch.	begeistert sein von etwas
conduire un (auto)car	einen (Auto)Car lenken
un chauffeur expérimenté (§ 6b)	ein erfahrener Lenker
le prix calculé au plus juste	der äusserst knapp berechnete Preis
accorder sa confiance à qn	jdm. sein Vertrauen schenken (entgegenbringen)

Exercices: l'offre précise

1. Comparez et mettez le pronom démonstratif convenable (§ 8, 11)

1. Nos conditions sont .... avantageuses que .... de la concurrence.

2. Notre appareil se vend (bien) .... que .... d'un fabricant étranger.

3. Nos prix sont (peu) .... élevés que .... d'une maison concurrente.

4. Notre qualité est (bonne) .... que .... d'un autre fournisseur.

2. Reliez les deux phrases par le pronom relatif convenable et complétez (§ 12)

1. Nous espérons recevoir votre ordre .... sera exécuté avec le plus grand ....

2. Nous serions heureux de recevoir votre commande .... nous exécuterons très (soigneux) ....

3. Nous comptons sur votre commande .... l'exécution aura .... nos soins.

3. Mettez dans l'ordre logique et rédigez la lettre
(Exercice 4, page 37 ←)

1. Le 3 décembre, la librairie André Perret S.A., 1001 Lausanne, répond à Hans Brunner, Badenerstrasse 765, 8048 Zurich:

.... «Jeunesse d'aujourd'hui» répond à toutes les questions de l'intéressé. Grâce à cette lecture amusante et instructive, il fera certainement des progrès. Les références sur la liste ci-incluse le lui confirmeront.

.... L'intéressé trouvera ci-joint deux spécimens du magazine «Jeunesse d'aujourd'hui». L'abonnement annuel comprend 8 numéros de 16 pages et coûte fr. 18.–. Pour une commande de 10 abonnements, il en recevra un gratuitement.

.... A partir du 1er janvier, la librairie sera malheureusement obligée d'augmenter le prix. Elle conseille à l'intéressé de ne pas attendre et de profiter de cette offre avantageuse en lui renvoyant le bulletin de commande encore aujourd'hui. (A la forme impérative.)

.... La librairie Perret S.A. remercie vivement Hans Brunner de sa demande.

9. La commande

Machine de bureau

15 12 ↔ 19

Genève, le 10 juin 19..

Messieurs J. Verdier & Cie
Rue du Simplon 14

1207 Genève

Messieurs,

a) Je vous remercie de votre offre du 2 juin.

b) Veuillez m'envoyer

un ordinateur PERFECTA, système 30, avec des programmes pour la comptabilité et le traitement de textes, selon le prospectus no 7.

c) Prix   fr. 8640.-, y compris une demi-journée d'instruction de service
Livraison   le 1er juillet à mon bureau: rue du Mont-Blanc 16
Paiement   pour cette première affaire à 90 jours net

En attendant votre confirmation, je vous présente, Messieurs, mes salutations les meilleures.

Charles Bouvier

la commande (commander)	die Bestellung (bestellen)
un ordinateur	ein Computer (Elektronenrechner)
la comptabilité (comptabiliser)	die Buchhaltung (buchen)
le traitement de textes (m)	die Textverarbeitung
selon le prospectus	gemäss Prospekt
une instruction de service	eine Bedienungsanleitung
une affaire	ein Geschäft
la confirmation	die Bestätigung

Eléments de la commande et variantes

a) L'acheteur* se réfère à l'offre   (Der Käufer* bezieht sich auf das Angebot)

Vos échantillons de tissus me conviennent.	Ihre Stoffmuster sagen mir zu.
Je reviens <u>à</u> la visite de votre représentant.	Ich komme <u>auf</u> den Besuch Ihres Vertreters zurück.

b) Il passe la commande ou l'ordre   (Er erteilt die Bestellung oder den Auftrag)

Je <u>vous</u> commande: …	Ich bestelle <u>bei Ihnen</u>: …
Quantité, qualité, catégorie, modèle, marque, type, couleur, etc.	Menge, Qualität, Kategorie, Modell, Marke, Typ, Farbe usw.
Veuillez me réserver l'appartement en question (§ 34).	Bitte reservieren Sie mir die betreffende Wohnung.
J'accepte l'itinéraire que vous proposez.	Ich bin mit der vorgeschlagenen Reisestrecke einverstanden.

c) Il précise les conditions, donne des instructions ou règle les détails
(Er nennt die Bedingungen, gibt Anweisungen oder regelt Einzelheiten)

Livrable(s) sans faute avant Noël (§ 48).	Lieferung unbedingt vor Weihnachten.
J'ai versé un acompte de fr. 500.–.	Ich habe eine Anzahlung von Fr. 500.– geleistet (= überwiesen).
Pouvez-vous mettre un garage à ma disposition?	Können Sie mir eine Garage zur Verfügung stellen?

---

* «Acheteur» ici expression générale pour «client, locataire, touriste», etc.

* «Käufer» hier allgemeiner Ausdruck für «Kunde, Mieter, Tourist» u. a.

Réservation d'un meublé de vacances

16 13 ↔ 20

Genève, le 1ᵉʳ avril 19..

Madame Hélène Burnand
4, rue du Port

F-56170 Quiberon

Madame,

Votre offre nous (convenir) .... ; nous vous .... remercions.

Afin de réserver (définitif) .... l'appartement du 18 juillet
.... 4 août, nous avons .... un acompte de 800 F .... la poste.

Pouvez-vous encore .... un garage .... disposition? Nous (arriver)
.... à Quiberon tard .... la soirée. Où est-ce que nous
.... les clefs .... appartement?

Nous (se réjouir) .... de passer nos vacances .... vous
et vous .... , Madame, nos salutations ....
....

Claudine Bouvier

convenir à qn	jdm. zusagen
verser un acompte	eine Anzahlung leisten
mettre qch. à la disposition de qn	jdm. etwas zur Verfügung stellen
le garage (garer une voiture)	die Garage (einen Wagen unterstellen, parkieren)
tard dans la soirée	spät am Abend
la clé (la clef)	der Schlüssel
se réjouir de passer ses vacances (f) en France	sich auf die Ferien in Frankreich freuen

Ordre relatif à une course d'école (voir carte page 54)

Entretien téléphonique entre la maison Murset & Cie, voyages et transports, et Jean Bouvier

17 14 ↔ 18

– Murset, bonjour.
~ Bouvier. Bonjour, mademoiselle. Pourrais-je parler à M. Coulon?
– La ligne est occupée. Désirez-vous attendre ou dois-je lui transmettre un message?
~ Je préfère attendre un instant.
• (Quelques secondes plus tard) Coulon, bonjour, monsieur.
~ Bonjour, monsieur. J'ai bien reçu votre offre pour une course d'école au Grand Saint-Bernard. J'en ai discuté en classe avec mes camarades et nous sommes d'accord.
• Merci. Je suis content qu'elle vous convienne.
~ Pouvez-vous aussi organiser le déjeuner dans un restaurant d'Aoste?
• Bien sûr. Je m'en occuperai par télex et vous soumettrai les propositions de menus dès que je les aurai.
~ Et la visite au musée de l'hospice? Il faudrait annoncer notre groupe.
• Je vais m'en charger. A quelle heure voulez-vous partir le matin?
~ Je pense assez tôt. Disons 7 heures et quart.
• Bon. Selon notre habitude, je vous enverrai la confirmation de cet ordre.
~ Merci bien, au revoir, monsieur.
• C'est moi qui vous remercie, au revoir, monsieur.

relatif(ve) à	betreffend
transmettre un message	eine Nachricht übermitteln
discuter d'une offre	über ein Angebot diskutieren
accepter une proposition	einen Vorschlag annehmen
s'occuper de qch.	sich mit etwas befassen
dès que	sobald
selon notre habitude (f)	entsprechend unserer Gewohnheit
la confirmation d'un ordre	die Bestätigung eines Auftrags

Propositions de menus à la suite d'une réservation

18 17 ↔ 21

Murset & Cie, voyages et transports, de Genève, envoient un télex au «Restaurant de la Gare», Aoste.

```
346728 rita i
427124 murs ch

tx    no 86    5/6       10.40

bonjour. excursion 30 juin 21 personnes. veuillez
proposer menus pour lunch+

mom svp
proposons spaghettis napolitaine salade 3400 lires
poulet au riz salade 3600 lires
roti puree pommes de terre dessert 4200 lires ok?+

merci. confirmation des que possible++

346728 rita i
427124 murs ch
```

à la suite d'une réservation	im Anschluss an eine Reservation
rita = ristorante della stazione (restaurant de la gare)	Bahnhofrestaurant, Bahnhofbuffet
des spaghettis (m) (à la) napolitaine	Spaghetti nach Neapolitaner Art
la lire italienne (§ 5)	die italienische Lira
le poulet au riz	Hühnchen auf Reis
le rôti	der Braten
la purée de pommes de terre	der Kartoffelstock
le dessert	die Nachspeise
la confirmation (confirmer)	die Bestätigung (bestätigen)
dès que possible	sobald wie möglich

Exercices: la commande

1. Mettez le pronom relatif convenable et formez l'adverbe (§ 12, 37a)

1. Vos échantillons de tissus .... me sont parvenus ce matin me conviennent (parfait) ....

2. Je vous prie de me réserver (définitif) .... les places .... vous avez proposées.

3. Veuillez m'envoyer le plus (rapide) .... possible les meubles .... j'ai un urgent besoin.

2. Dans un magasin d'alimentation. Mettez l'article partitif ou «de» (§ 4)

1. J'aimerais .... fromage; donnez-moi 100 grammes ...., s.v.p.

2. Il me faut .... viande; je prendrai une livre ...., s.v.p.

3. Je voudrais .... eau minérale; donnez-moi trois bouteilles ...., s.v.p.

4. Il me faudrait .... fruits; je prends 2 kilos ...., s.v.p.

3. Mettez le verbe à la forme convenable (§ 30, 31a)

Il faut absolument que...

1. cette machine me (parvenir) .... avant fin août.

2. ces tissus (être) .... conformes à l'échantillon soumis.

3. mon client (recevoir) .... une qualité irréprochable.

4. Mettez dans l'ordre logique et remplacez les expressions en italique (kursiv) par des synonymes
(→ Exercice 6, page 69)

1. Le 24 mars, la maison Ernest Colliard & Cie, 2304 La Chaux-de-Fonds, écrit à la Verrerie S.A., 1162 St-Prex (VD):
   ..... *Livraison:* fin mars au plus tard.
   ..... Veuillez nous *adresser* selon votre catalogue:
   ..... Nous comptons sur une exécution soignée de cette *commande*.
   ..... 50 douzaines de verres en cristal K/105.
   ..... *Paiement:* 2% d'escompte dans les 30 jours.

10. La confirmation de la commande

La commande est acceptée sans réserve

19 15 ↔ 28

Genève, le 13 juin 19..

Monsieur Charles Bouvier
Rue des Alpes 23

1201 Genève

Monsieur,

a) Nous vous remercions sincèrement de votre commande du 10 juin et la confirmons comme suit:

b) un ordinateur PERFECTA, système 30, avec des programmes pour la comptabilité et le traitement de textes, modèle standard, au prix de

fr. 8640.-, y compris une demi-journée d'instruction de service.

c) Selon votre désir, la livraison se fera au début de juillet rue du Mont-Blanc 16. Le paiement s'effectuera exceptionnellement à 90 jours net.

d) Vous serez certainement satisfait de cet appareil perfectionné qui vous rendra d'excellents services.

Veuillez agréer, Monsieur, nos salutations distinguées.

Jacques Verdier & Cie

la confirmation de (la) commande	die Auftragsbestätigung
accepter qch. sans réserve (f)	etwas ohne Vorbehalt annehmen
remercier qn sincèrement de qch.	jdm. für etwas bestens danken
confirmer une commande	eine Bestellung bestätigen
comme suit (verbe: suivre)	wie folgt (Verb: folgen)
un ordinateur	ein Computer (Elektronenrechner)
la comptabilité	die Buchhaltung, das Rechnungswesen
le modèle standard	das Standardmodell
le traitement de textes (m)	die Textverarbeitung
selon votre désir (m)	wunschgemäss
se faire (s'effectuer)	erfolgen
(au) début (de) juillet	anfangs Juli
exceptionnellement (§ 37)	ausnahmsweise
certainement (sûrement)	gewiss (sicher)
être satisfait de qch. (§ 26a)	zufrieden sein mit etwas
un appareil perfectionné	ein hochentwickelter Apparat
rendre d'excellents services (m), § 4b	ausgezeichnete Dienste leisten

Eléments de la confirmation de la commande et variantes

a) Le vendeur remercie le client de sa commande   (Der Verkäufer dankt dem Kunden für seine Bestellung)

Nous avons pris note de votre ordre et vous en (§ 13 a) remercions.	Wir haben Ihren Auftrag vorgemerkt und danken Ihnen dafür.
Nous vous remercions vivement <u>de</u> votre commande que nous confirmons comme suit:…	Vielen Dank <u>für</u> Ihre Bestellung, die wir wie folgt bestätigen:…

b) Il confirme les points principaux de la commande   (Er bestätigt die wichtigen Punkte der Bestellung)

voir La commande, alinéa b, page 45	siehe Die Bestellung, Abschnitt b, Seite 45

c) Il répond aux désirs de l'acheteur   (Er entspricht den Wünschen des Käufers)

voir La commande, alinéa c, page 45	siehe Die Bestellung, Abschnitt c, Seite 45
Selon votre désir, nous enverrons le colis à votre nouvelle adresse.	Wunschgemäss senden wir das Postpaket an Ihre neue Adresse.
Un garage sera à votre disposition dans la maison voisine.	Eine Garage wird im Nachbarhaus zu Ihrer Verfügung stehen.
Nous avons annoncé votre visite au musée.	Wir haben Ihren Besuch im Museum angemeldet.
Vous recevrez les appareils sans faute avant Noël (§ 48).	Sie werden die Apparate bestimmt vor Weihnachten erhalten.

d) Le vendeur promet entière satisfaction à son client   (Der Verkäufer verspricht seinem Kunden volle Zufriedenheit)

voir L'offre précise, alinéa e, page 40	siehe Das bestimmte Angebot, Abschnitt e, Seite 40
Nous ferons notre possible pour rendre votre séjour agréable.	Wir werden unser möglichstes tun, um Ihren Aufenthalt angenehm zu gestalten.
Cet ordinateur vous rendra d'excellents services.	Dieser Computer wird Ihnen ausgezeichnete Dienste leisten.
Nous vous servirons d'une façon très attentive et vous souhaitons, dès aujourd'hui, la cordiale bienvenue.	Wir werden Sie sehr aufmerksam bedienen und heissen Sie schon heute herzlich willkommen.

Confirmation relative à la réservation d'un meublé

20 ₁₆ ←

Quiberon, le 6 avril 19..

Madame Claudine Bouvier
Rue des Alpes 23

CH-1201 Genève

Madame,

Je vous remercie vivement .... acompte de 800 F .... vous avez versé et confirme avec .... la réservation d'un

meublé confortable .... 18 juillet .... 4 août 19..

.... prix de 2800 F, taxe .... séjour et nettoyage .... Le solde de 2000 F est payable .... début .... période de location.

Pour répondre à votre désir, un garage (être) .... à votre disposition dans la maison (voisin) .... au prix de 12 F .... nuit. (Avoir, participe présent) .... l'habitude de .... coucher tard, je vous (attendre) .... samedi soir .... vous remettre les clés .... logement.

Je (faire) .... mon possible .... rendre votre séjour agréable et vous prie ...., Madame, mes salutations (empressé) ....

Hélène Burnand

relatif(ve) à, concernant (§ 34)	betreffend
effectuer (verser) un acompte	eine Anzahlung leisten (überweisen)
confortable, le confort (§ 49k)	komfortabel, der Komfort
la taxe de séjour	die Kurtaxe
le nettoyage (nettoyer)	die Reinigung (reinigen)
le solde	der Restbetrag, der Saldo
le début, le commencement	der Beginn
la période de location (louer)	die Mietdauer (mieten)
répondre à un désir	einem Wunsch entsprechen
une habitude	eine Gewohnheit
se coucher tard	spät zu Bett gehen
remettre la clé (la clef) à qn	jdm. den Schlüssel übergeben
faire (tout) son possible (faire de son mieux)	sein möglichstes tun
rendre un séjour agréable	einen Aufenthalt angenehm gestalten

Confirmation d'une course d'école (voir carte page 54)

21 18 ←

(voir carte page 54)

Genève, le 6 juin 19..

Monsieur Jean Bouvier
Rue des Alpes 23

1201 Genève

Monsieur,

Nous vous remercions sincèrement de votre ordre téléphonique que nous confirmons comme suit:

Date du voyage	mardi 30 juin 19..
Autocar	26 places (21 personnes)
Itinéraire	Genève - Chamonix - Aoste - Col du Grand St-Bernard - Martigny - Lausanne - Genève
Départ	07.15 heures, place de la Gare
Retour	environ 20 heures
Prix spécial	fr. 698.–, selon notre offre du 26 mai 19..
Passage de la frontière	passeport ou carte d'identité

Nous avons organisé votre visite au musée de l'hospice.

Le «Restaurant de la Gare» d'Aoste propose les menus suivants:

Spaghettis napolitaine et salade à 3400 lires
Poulet au riz et salade à 3600 lires
Rôti, purée de pommes de terre et dessert à 4200 lires
Lequel de ces menus préférez-vous?

Nous ferons tout notre possible pour que vous passiez une belle journée.

Veuillez agréer, Monsieur, nos salutations les meilleures.

A. Murset & Cie
Voyages et transports

---

le col (d'une montagne)	der Pass (eines Berges)
le passage de la frontière	der Grenzübertritt
la carte (la pièce) d'identité	der Personalausweis
les menus (m), voir page 48	die Menus (Speisekarte), siehe Seite 48
faire (tout) son possible (faire de son mieux) pour que+subj. (§ 31c)	sein möglichstes tun, damit

Itinéraire de la course d'école

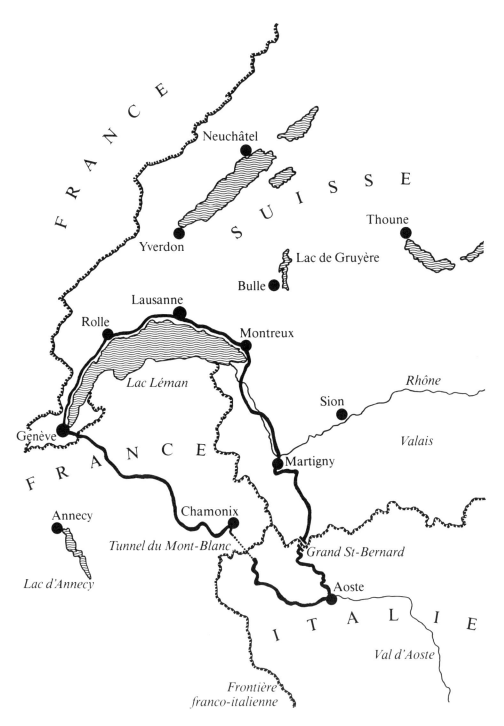

Exercices: la confirmation de la commande

1. Mettez le pronom relatif convenable et complétez (§ 12)

1. Nous vous remercions .... votre commande .... nous confirmons comme
   .... : ...

2. Nous confirmons votre ordre téléphonique .... nous vous remercions
   ....

3. Nous avons noté votre commande .... sera exécutée selon votre désir ....
   début .... février.

2. Accordez, mettez au futur et complétez (§ 5, 14 a, 20 b)

1. Madame, Vous pouvez être (sûr) .... que la qualité des fruits (répondre)
   .... à votre ....

2. Messieurs, Soyez (assurer) .... que les lave-vaisselle vous (parvenir)
   .... avant (le 25 décembre) ....

3. Madame, Soyez (certain) .... que vous (être servi)
   .... d'une façon très ....

3. Commandez le menu

Jean Bouvier téléphone à la maison Murset & Cie pour commander le menu que
ses camarades de classe ont choisi (voir N° 18 et 21).

4. Mettez dans l'ordre logique et rédigez la lettre

1. Le 2 avril, l'hôtel «Valesia» (H. et P. Fournier), 3960 Sierre, écrit à Renée
   Schwarz, présidente du Club de sport «Junior», Rheinstrasse 47, 4410 Liestal:
.... Les dames du club se chargeront de la décoration des tables. Les jeux de quilles
   (Kegelbahnen) seront à la disposition de la cliente à partir de 20 heures 30.
.... Les hôteliers serviront les client(e)s d'une façon très soignée et leur souhaitent,
   dès maintenant, la cordiale bienvenue.
.... Date   27 avril 19..
   Salle   40 places avec piano
   Menu   N° 6 pour 35 personnes
   Arrivée   vers 19 heures
.... Les hôteliers confirment la commande téléphonique de la cliente et l'en remer-
   cient vivement:

Récapitulation
Le déroulement habituel des affaires
(voir page 21)

M. Georges Etienne, Limoges, est un commerçant spécialisé dans la vente en gros de jouets. Un jour, il lit l'annonce suivante parue dans «Le Monde»:

Fabrication de jouets Nouvelles créations, première qualité, prix sans concurrence. Demandez catalogue illustré. Jacques Favre S. A., 76100 Rouen

M. Etienne décide de s'adresser à cette maison. Numérotez leur correspondance selon l'ordre chronologique:

..... Messieurs, Répondant à votre offre, je vous prie de m'envoyer les modèles suivants: ... Prix... Paiement ... Livrables sans faute avant fin octobre ... Georges Etienne.

..... Monsieur, Nous vous remercions de votre demande. Vous recevrez ci-joint le catalogue de nos nouvelles créations et le prix courant... Conditions spéciales pour commande importante ... Jacques Favre S. A.

..... Messieurs, Me référant à votre annonce parue dans ..., je vous prie de m'envoyer le catalogue de vos nouvelles créations ... Georges Etienne.

..... Messieurs, Après avoir examiné votre documentation, je m'intéresse surtout aux astronautes et aux capsules spatiales en miniature. Veuillez donc me soumettre une offre spéciale pour les articles suivants: ... Georges Etienne.

..... Monsieur, Nous vous remercions de votre commande que nous confirmons comme suit: ... Prix ... Paiement ... Livraison avant fin octobre. Vous pourrez compter sur une exécution prompte et soignée ... Jacques Favre S. A.

..... Monsieur, Nous revenons à votre lettre et sommes heureux de vous soumettre l'offre suivante: ... Prix ... Livraison ... Paiement ... Nos nouvelles créations se distinguent par leur solidité et leurs prix exceptionnels ... Jacques Favre S. A.

être spécialisé dans la vente	auf den Verkauf spezialisiert sein
faire le commerce en (de) gros	Grosshandel treiben
la fabrication de jouets (m)	die Spielzeugherstellung
la nouvelle création (la nouveauté)	die Neuheit
examiner (un examen)	prüfen (eine Prüfung)
un astronaute (en) miniature	ein Miniaturweltraumflieger
la capsule spatiale	die Raumkapsel
se distinguer par la solidité	sich durch Haltbarkeit auszeichnen
exceptionnel(le), une exception	aussergewöhnlich, eine Ausnahme

Troisième dossier

Réserves
et réclamations

Vorbehalte und Beschwerden

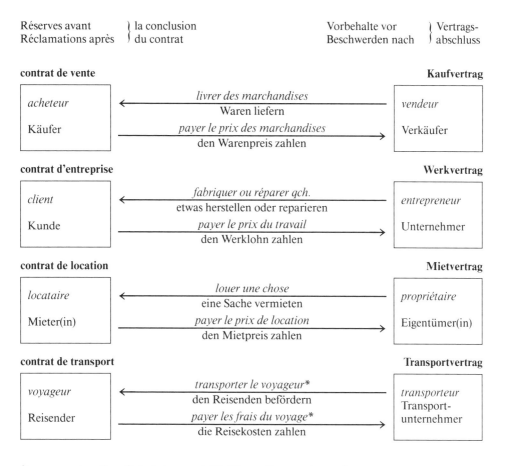

Réserves avant } la conclusion   Vorbehalte vor } Vertrags-
Réclamations après } du contrat   Beschwerden nach } abschluss

contrat de vente   **Kaufvertrag**

| *acheteur* | ← *livrer des marchandises* / Waren liefern | *vendeur* |
| Käufer | → *payer le prix des marchandises* / den Warenpreis zahlen | Verkäufer |

contrat d'entreprise   **Werkvertrag**

| *client* | ← *fabriquer ou réparer qch.* / etwas herstellen oder reparieren | *entrepreneur* |
| Kunde | → *payer le prix du travail* / den Werklohn zahlen | Unternehmer |

contrat de location   **Mietvertrag**

| *locataire* | ← *louer une chose* / eine Sache vermieten | *propriétaire* |
| Mieter(in) | → *payer le prix de location* / den Mietpreis zahlen | Eigentümer(in) |

contrat de transport   **Transportvertrag**

| *voyageur* | ← *transporter le voyageur** / den Reisenden befördern | *transporteur* Transport-unternehmer |
| Reisender | → *payer les frais du voyage** / die Reisekosten zahlen | |

* pour marchandises: frais de transport (für Waren: Transportspesen)

		le déroulement habituel
réserves:	*ne pas accepter toutes les conditions de l'autre partie*	*des affaires*
réclamations:	*l'autre partie ne respecte pas les conditions du contrat*	der übliche Geschäftsablauf
Vorbehalte:	nicht mit allen Bedingungen der andern Partei einverstanden sein	*demande d'offre* (p. 28, 40) Offertanfrage
Beschwerden:	die andere Partei hält die Vertragsbedingungen nicht ein	

ACHETEUR
Käufer

VENDEUR
Verkäufer

réserves – → *offre* (p. 28, 38)
Vorbehalte   Angebot

page 60

prix trop élevé
Preis zu hoch

délai de livraison trop long
Lieferfrist zu lang   **réserves** – – – – – – → *commande ou ordre* (p. 44)
                                    Vorbehalte   Bestellung oder Auftrag
délai de paiement trop court
Zahlungsfrist zu kurz   page 64

                                    article commandé épuisé
                                    bestellter Artikel
                                    ausgegangen

                                    délai de livraison trop court   *confirmation de la commande ou de l'ordre* (p. 50)
                                    Lieferfrist zu kurz   Auftragsbestätigung

réclamations – – – – – – – – – – – – – – – – – → *livraison ou services*
Beschwerden   *et facture*
                                                         Lieferung oder Dienst-
page 70   leistungen und Rechnung
retard
Verspätung

qualité
Qualität

quantité
Menge   **réclamations** – – – – → *paiement*
                                    Beschwerden   Zahlung
facturation
Fakturierung   page 84

                                    retard
                                    Verspätung

                                    erreur
                                    Irrtum

                                    déduction non justifiée
                                    ungerechtfertigter Abzug

Les Bouvier et d'autres clients

voir page 58

Dans le deuxième dossier, les Bouvier ont des contacts avec une demi-douzaine d'entreprises. Le déroulement ou la marche des affaires se fait d'une façon habituelle, normale ou directe.

Dans le troisième dossier, ces entreprises ont aussi des contacts avec d'autres clients. Mais avant de passer la commande, l'intéressé formule des réserves sur l'offre: le prix proposé est trop élevé; le délai de livraison est trop long ou le délai de paiement trop court.

D'autre part, le vendeur accepte la commande sous réserve: les montres commandées ne sont plus en stock; la chambre d'hôtel demandée n'est plus disponible; le délai de livraison proposé est trop court; le cours de langue désiré n'aura pas lieu.

La livraison, les services ou la facturation se font d'une façon inhabituelle, anormale ou irrégulière: l'acheteur formule une réclamation parce que les bouteilles de vin n'arrivent pas à temps; il ne reçoit pas la quantité ou la qualité commandée; l'ordinateur livré ne marche pas normalement; les chambres d'hôtel ne conviennent pas; le prix facturé d'un voyage ne correspond pas à celui de l'offre.

D'autre part, le vendeur se plaint que l'acheteur ne règle pas la facture dans le délai convenu. Il présente une réclamation au sujet d'une erreur dans son paiement ou d'une déduction non justifiée.

une demi-douzaine d'entreprises (f)	ein halbes Dutzend Unternehmen
le déroulement (la marche) des affaires (f)	der Ablauf (der Gang) der Geschäfte (der Geschäftsgang)
se faire d'une façon (in)habituelle	auf (un)übliche Art erfolgen
(a)normal(e), § 39a	(a)normal, (nicht) programmgemäss
passer (remettre) une commande	eine Bestellung aufgeben
formuler (faire) des réserves (f)	Vorbehalte anmelden (machen)
un prix élevé (bas)	ein hoher (tiefer) Preis
le délai de livraison	die Lieferfrist
d'une part – d'autre part	einerseits – andrerseits
accepter qch. sous réserve (f)	etwas unter Vorbehalt annehmen
disponible (en stock)	verfügbar (vorrätig)
avoir lieu	stattfinden
la facturation (facturer)	die Fakturierung (fakturieren)
formuler (présenter) une réclamation	eine Beschwerde vorbringen
correspondre à qch.	mit etwas übereinstimmen, entsprechen
se plaindre que + subjonctif (§ 31b)	sich beklagen, dass
régler une facture	eine Rechnung begleichen
le délai convenu	die vereinbarte Frist
une erreur (par erreur)	ein Irrtum (irrtümlicherweise)
la déduction non justifiée (§ 20a)	der ungerechtfertigte Abzug

11. Les réserves de l'acheteur

Prix trop élevé

22 → 23

Montreux, le 24 septembre 19..

Messieurs J. Verdier & Cie
Rue du Simplon 14

1207 Genève

Stylo-bille SCRIBO avec notre nom gravé

Messieurs,

a) Nous avons bien examiné votre offre du 20 ct et vous en remercions.

b) Votre stylo est un beau cadeau publicitaire et répond à notre désir. Par contre, le prix de fr. 2.40 nous semble trop élevé.

c) Un autre fournisseur nous offre un stylo d'une qualité analogue à un prix inférieur. Il
d) ne faudrait pas que la pièce coûte plus de fr. 2.-. A ce prix, nous sommes prêts à vous commander 2500 stylos au lieu de 2000.

e) Nous espérons qu'il vous sera possible d'accepter notre proposition.

Veuillez agréer, Messieurs, nos salutations distinguées.

Roger Grandchamp S.A.

formuler des réserves (f)	Vorbehalte anmelden
un prix élevé (bas)	ein hoher (niedriger) Preis
le stylo-bille (le stylo à bille)	der Kugelschreiber
graver un nom	einen Namen (ein)gravieren
examiner une offre	ein Angebot prüfen
le 20 (du mois) courant (ct)	der 20. dieses Monats (d. M.)
le cadeau publicitaire	das Werbegeschenk
répondre à un désir (§ 26b)	einem Wunsch entsprechen
par contre	hingegen
sembler (paraître)	scheinen
le fournisseur (fournir)	der Lieferant (liefern)
une qualité analogue (similaire)	eine ähnliche Qualität
un prix inférieur	ein niedrigerer Preis
être prêt(e) à faire qch. (§ 23b)	bereit sein, etwas zu tun
accepter une proposition	einen Vorschlag annehmen (mit einem Vorschlag einverstanden sein)

Eléments et variantes

a) L'intéressé se réfère à l'offre   (Der Interessent bezieht sich auf das Angebot)

J'ai examiné votre offre du 15 ct.

Ich habe Ihr Angebot vom 15. d. M. geprüft.

b) Il formule des réserves   (Er meldet Vorbehalte an)

Le prix me semble trop élevé.

Der Preis scheint mir zu hoch.

Le délai de livraison est trop long.

Die Lieferfrist ist zu lang.

Je ne peux pas accepter vos conditions de paiement.

Ich kann Ihre Zahlungsbedingungen nicht annehmen.

c) Il motive ses réserves   (Er begründet seine Vorbehalte)

Un autre fournisseur vend une qualité analogue meilleur marché (§ 8 a).

Ein anderer Lieferant verkauft eine ähnliche Qualität billiger.

J'ai un urgent besoin de (§ 26 a) ces jouets.

Ich benötige diese Spielzeuge dringend.

Une maison concurrente accorde 2% d'escompte pour des paiements dans les 30 jours.

Eine Konkurrenzfirma gewährt 2% Skonto für Zahlungen innert 30 Tagen.

d) Il fait des contrepropositions   (Er macht ein Gegenangebot)

Je suis prêt à commander 3000 pièces à fr. 2.– chacune.

Ich bin bereit, 3000 Stück zu je Fr. 2.– zu bestellen.

Il faudrait que la livraison me parvienne (§ 31 a) avant fin octobre.

Die Lieferung sollte vor Ende Oktober bei mir eintreffen.

Si vous livrez franco domicile, je vous commanderai 10 hl (§ 17 a).

Wenn sie franko Haus liefern, werde ich 10 Hektoliter bestellen.

e) L'intéressé espère obtenir l'accord du vendeur   (Der Interessent hofft auf das Einverständnis des Verkäufers)

J'espère que vous pourrez accepter ma proposition.

Ich hoffe, dass Sie meinen Vorschlag annehmen können.

Pouvez-vous répondre à mon désir?

Können Sie meinem Wunsch entsprechen?

Le vendeur justifie ses prix

23 22 ←

Genève, le 27 septembre 19..

Maison
Roger Grandchamp S. A.

1820 Montreux

Stylo-bille SCRIBO avec votre nom gravé

Messieurs,

Nous revenons à votre contreproposition du 24 septembre et regrettons vivement de ne pouvoir l'accepter qu'en partie.

Le stylo SCRIBO est un cadeau publicitaire très demandé. Son prix est justifié par la qualité de luxe avec clip en or et cartouche géante. Grâce à un nouveau système, son encre ne fait jamais de tache. SCRIBO est un stylo extraordinaire à un prix modéré, car vous ne trouverez nulle part cet article meilleur marché.

Pour vous être agréables, nous vous offrons exceptionnellement 2500 stylos à fr. 2.20 la pièce.

N'hésitez donc pas à faire un essai. Vos clients seront enchantés de ce cadeau élégant et durable.

Veuillez agréer, Messieurs, l'expression de nos sentiments distingués.

J. Verdier & Cie

justifier ses prix (m)	seine Preise rechtfertigen
graver un nom	einen Namen (ein)gravieren
n'accepter une proposition qu'en partie	einen Vorschlag nur teilweise annehmen
le cadeau publicitaire	das Werbegeschenk
le clip en or (m)	die Goldklammer (der Goldklipp)
la cartouche géante	die Riesenpatrone
la tache (la tâche), § 46	der Flecken (die Pflicht)
un prix modéré (bas)	ein bescheidener (tiefer) Preis
ne...nulle part	nirgends
être agréable à qn	jdm. entgegenkommen
hésiter à faire qch. (§ 23b)	zögern, etwas zu tun
durable (durer)	dauerhaft (dauern)

62

Exercices: les réserves de l'acheteur

1. Mettez le pronom relatif convenable et formez l'adverbe (§ 12, 37 a)

1. Le délai de paiement .... vous proposez est (malheureux) .... trop court.

2. Je viens de recevoir votre offre .... je ne suis cependant pas (entier) .... satisfait.

3. Je ne peux pas accepter votre offre .... dépasse (net) .... mon budget.

2. Mettez le verbe à la forme convenable (§ 30, 31a)

1. Il faudrait que vous (baisser) .... le prix de 40 centimes la bouteille.

2. Je voudrais que le paiement (se faire) .... dans les 4 mois.

3. Il faut que ma collection d'hiver (être) .... complète fin septembre.

3. Mettez dans l'ordre logique et cherchez des synonymes (→ Exercice 4)

1. Le 6 septembre, la maison Peter Burckhardt & Cie, 4006 Bâle, écrit à André Delamuraz S.A., 139, rue de l'Université, F-21000 Dijon:

.... Si vous êtes prêts à livrer aux mêmes conditions, nous vous commanderons 8 hectolitres. Pouvez-vous *répondre à notre désir?*

.... Nous revenons à votre offre du *2 septembre.*

.... Une autre *entreprise* fournit franco domicile *dès* 5 hl et accorde 2% d'escompte pour un paiement dans les 30 jours.

.... Le prix de fr. suisses 230.– l'hectolitre de jus de raisin est justifié. Par contre, nous ne *pouvons* pas accepter vos conditions de livraison et de paiement.

4. Rédigez la réponse de la maison A. Delamuraz S.A. (Exercice 3 ←)

Le vendeur a bien examiné la contreproposition du 6 septembre et regrette de ne pouvoir l'accepter qu'en partie. Les frais de transport et les escomptes ne sont pas couverts par sa marge de bénéfice minime. En revanche, ses prix nets sont plus avantageux que ceux de la concurrence. Exceptionnellement, il est prêt à livrer 8 hl de jus de raisin franco domicile. Il espère que cette concession permettra à l'intéressé de lui passer la commande.

12. Les réserves du vendeur

L'article commandé n'est plus disponible

24 → page 69

Genève, le 27 septembre 19..

Monsieur Charles Lefort
Horlogerie-bijouterie
Rue de St-Nicolas 71

2006 Neuchâtel

Monsieur,

a) Nous vous remercions de votre commande du 25 septembre de

b) 3 montres à quartz, pour messieurs, modèle A 35, livrables immédiatement.

c) A notre vif regret, nous ne pouvons pas répondre à votre désir. Cette montre a eu un tel
d) succès auprès de notre clientèle qu'elle n'est plus disponible. Comme nos ateliers sont
surchargés de travail, la nouvelle fabrication exigera 3 à 4 semaines.

e) Si vous tenez à une livraison immédiate, nous vous proposons le modèle analogue B 36
qui figure en page 16 du catalogue que vous avez reçu mi-août.

f) Nous attendons votre décision et vous présentons, Monsieur, nos sincères salutations.

Marcel Berdot S. A.

un accusé de réception	eine Empfangsbestätigung
accepter sous réserve (f)	unter Vorbehalt annehmen
disponible (en stock, m.)	vorrätig, verfügbar (am Lager)
livrable immédiatement (§ 37a)	sofort lieferbar
à notre vif regret (m)	zu unserem grossen Bedauern
un tel succès (une telle montre)	ein solcher Erfolg (eine solche Uhr)
auprès de la clientèle	bei der Kundschaft
être surchargé de travail (m), § 26a	mit Arbeit überlastet sein
la fabrication (fabriquer)	die Herstellung (herstellen)
exiger (demander)	erfordern (verlangen)
tenir à qch.	auf etwas Wert legen
un modèle analogue (similaire)	ein ähnliches Modell
figurer dans un catalogue	in einem Katalog aufgeführt sein
la mi-août (voir lettre page 4)	Mitte August
la décision (décider)	der Entscheid (entscheiden)

Eléments et variantes

a) Le vendeur remercie le client de sa commande (Der Verkäufer dankt dem Kunden für seine Bestellung)

Nous accusons réception de votre commande et vous en (§ 13a) remercions.

Wir bestätigen den Empfang Ihrer Bestellung und danken Ihnen dafür.

Nous vous remercions de la commande que vous avez passée (§ 21 b) à notre représentant.

Wir danken für Ihre Bestellung, die Sie unserem Vertreter erteilt haben.

b) Il répète les points principaux de la commande (Er wiederholt die wichtigen Punkte der Bestellung)

voir La commande, alinéa b, page 45

siehe Die Bestellung, Abschnitt b, Seite 45

c) Il exprime ses regrets (Er drückt sein Bedauern aus)

Nous regrettons de ne (pas) pouvoir exécuter la commande dans le délai fixé.

Wir bedauern, die Bestellung nicht in der festgesetzten Frist ausführen zu können.

A notre vif regret, nous ne pouvons (pas) vous servir immédiatement.

Zu unserem grossen Bedauern können wir Sie nicht sofort bedienen.

d) Le vendeur motive ses réserves (Der Verkäufer begründet seine Vorbehalte)

● *Entreprises industrielles et commerciales (Industrie- und Handelsunternehmen), page VIII*

L'article commandé n'est plus en stock.

Der bestellte Artikel ist nicht mehr am Lager.

Le modèle désiré ne se fabrique (§ 16 b) plus.

Das gewünschte Modell wird nicht mehr hergestellt.

La qualité demandée est épuisée.

Die verlangte Qualität ist aufgebraucht.

● *Entreprises de services (Dienstleistungsbetriebe), page VIII*

Nous avons trop peu d'inscriptions pour ce cours.

Wir haben zu wenig Anmeldungen für diesen Kurs.

Votre réservation nous est parvenue trop tard.

Ihre Reservation ist zu spät bei uns eingetroffen.

Nous ne disposons plus de chambres avec douche.

Wir verfügen nicht mehr über Zimmer mit Dusche.

e) **Le vendeur propose une marchandise ou un service du même genre** (Der Verkäufer schlägt eine gleichartige Ware oder Dienstleistung vor)

● *Entreprises industrielles et commerciales* *(Industrie- und Handelsunternehmen), page VIII*

En remplacement, nous vous recommandons le numéro 38 de qualité analogue.	Als Ersatz empfehlen wir Ihnen die Nummer 38 von ähnlicher Qualität.
A la place du modèle désiré, nous pouvons livrer le No A 25.	Anstelle des gewünschten Modells können wir die Nr. A 25 liefern.

● *Entreprises de services* *(Dienstleistungsbetriebe), page VIII*

Le lundi soir, nous organisons un cours parallèle.	Am Montagabend organisieren wir einen Parallelkurs.
Nous vous proposons une chambre avec bain.	Wir schlagen Ihnen ein Zimmer mit Bad vor.

f) **Le vendeur demande une réponse** (Der Verkäufer bittet um Antwort)

Nous attendons votre décision.	Wir erwarten Ihren Entscheid.
En attendant votre prompte réponse, nous vous prions d'agréer, …, nos salutations distinguées (§ 36).	Wir erwarten Ihre baldige Antwort und grüssen Sie freundlich.

Style commercial (Kaufmännischer Stil)

On pouvait lire dans un accusé de réception de commande:	Man konnte in einer Auftragsbestätigung lesen:
«Nous vous prions de patienter encore quelques jours, car la main droite de notre directeur s'est cassé la jambe gauche.»	«Wir bitten Sie, sich noch einige Tage zu gedulden, denn die rechte Hand unseres Direktors hat sich das linke Bein gebrochen.»

Un cours de langue n'a pas lieu

Dialogue entre Mme Bouvier et M. Duvillard, employé au secrétariat d'une école de langues

25 → page 69

- Bonjour, madame, que puis-je faire pour vous?
~ Bonjour, monsieur. Vous m'avez envoyé votre programme des cours, et maintenant, je voudrais m'inscrire au cours d'italien pour débutants du mardi soir à 19 heures.
- Je suis désolé, madame. Ce cours n'aura pas lieu, car il n'y a pas assez d'inscriptions jusqu'à présent.
~ Ah, c'est dommage.
- Nous le regrettons aussi, mais je vous propose le cours parallèle du jeudi soir à 17 heures. Vous conviendrait-il?
~ Je ne peux pas vous répondre maintenant. Je dois voir avec ma famille. C'est un peu tôt.
- Le vendredi soir à 19 heures, vous pourriez entrer dans un deuxième semestre. Avez-vous déjà des connaissances élémentaires d'italien?
~ Nous sommes allés plusieurs fois en Italie, car nous y avons de la famille qui ne parle que l'italien.
- Dans ce cas, je pense que vous pourriez bien suivre le cours du deuxième semestre.
~ Bon. Je vais y réfléchir et je vous donnerai ma réponse dès que possible. Au revoir, monsieur. Merci bien.
- Je vous en prie. Au revoir, madame.

avoir lieu	stattfinden
le secrétariat	das Sekretariat
s'inscrire à un cours (§ 26b)	sich für einen Kurs anmelden
un(e) débutant(e)	ein(e) Anfänger(in)
je suis désolé(e)	es tut mir leid
une inscription	eine Anmeldung (Einschreibung)
des connaissances (f) élémentaires	Grundkenntnisse
la famille	hier: Verwandte, Familienangehörige
suivre un cours	einen Kurs besuchen (einem Kurs folgen)

La chambre désirée n'est plus disponible

26 → page 69

Cannes, le 5 mars 19..

Mademoiselle Solange Mauriac
26, avenue de Versailles

75116 Paris

Mademoiselle,

Je vous remercie .... lignes .... 2 mars et regrette vivement
.... pouvoir répondre à votre ....

.... votre réservation m'est (parvenir) .... trop tard, je ne dispose
.... de chambres avec douche .... la période ....

En remplacement, je vous .... une chambre très confortable ....
bain et W.-C., radio, téléviseur, téléphone, côté sud, ... prix exceptionnel ....
143 F .... demi-pension, taxe et service .... Durée ....
séjour: 10 au 24 avril 19..

J'espère que (ce) .... offre vous (convenir) .... et (attendre)
.... votre confirmation.

.... agréer, Mademoiselle, l'expression de .... sentiments (distingué) ....

Georges Meylan
Hôtel Central

disponible (libre)	verfügbar (frei)
la ligne	die Zeile, die Linie
regretter de faire qch., § 23a (le regret)	bedauern, etwas zu tun (das Bedauern)
répondre à un désir (§ 26b)	einem Wunsch entsprechen
disposer d'une chambre (§ 26a)	über ein Zimmer verfügen
en remplacement (m), remplacer	als Ersatz, ersetzen
confortable (le confort), § 49k	komfortabel (der Komfort)
le côté sud (du côté sud)	die Südseite (auf der Südseite)
exceptionnel(le), une exception	aussergewöhnlich, eine Ausnahme
la taxe (de séjour)	die (Kur)Taxe
la durée (durer)	die Dauer (dauern)
le séjour (séjourner)	der Aufenthalt (sich aufhalten)
convenir	zusagen, passen
une expression	ein Ausdruck

68

Exercices: les réserves du vendeur

1. Traduisez (§ 16 b, 38)

1. Der bestellte Apparat wird nicht mehr hergestellt.
2. Die verlangte Zeitschrift wird kaum (presque) noch gelesen.
3. Die kleinen Reparaturen werden gewöhnlich bar bezahlt.
4. Die betreffende (§ 34) Wohnung wird nicht mehr vermietet.

2. Répondez par téléphone à la lettre n⁰ 24

Charles Lefort ne veut pas attendre 3 ou 4 semaines. Le modèle B 36 du catalogue lui plaît également. Il commande donc 3 montres de cette catégorie et attend un envoi par exprès, car quelques clients se sont déjà présentés et il n'a pas pu les servir.

3. Référez-vous au dialogue n⁰ 25

Mme Bouvier rentre chez elle et discute avec sa famille les propositions que l'employé de l'école lui a faites. Elle décide de suivre le cours pour débutants du jeudi soir à 17 heures et téléphone au secrétariat pour s'inscrire. En même temps, elle s'informe du livre qu'elle doit acheter.

4. Répondez par lettre au n⁰ 26

Le 13 mars, Mlle Mauriac accuse réception de la lettre du 5 mars. Elle regrette de ne pouvoir accepter la proposition de l'hôtelier, car la chambre est trop chère pour elle. Elle espère que M. Meylan comprendra sa décision.

5. Traduisez (§ 14, 15 a)

1. Sobald wir Ihre Anweisungen erhalten haben, werden wir die Bestellung mit der üblichen Sorgfalt ausführen.
2. Sobald Sie eine Anzahlung geleistet haben, werden wir Ihnen die gewünschte Wohnung reservieren.

6. Mettez dans l'ordre logique et rédigez la lettre
(Exercice 4, page 49 ←)

1. Le 26 mars, la Verrerie S.A., 1162 St-Prex, répond à Ernest Colliard & Cie, rue du Doubs 146, 2304 La Chaux-de-Fonds:
.... A son regret, la Verrerie ne peut pas répondre au désir de l'acheteur, car cet article ne se fabrique plus.
.... Elle attend la décision de Colliard & Cie.
.... La Verrerie remercie le client sincèrement de sa commande de 50 douzaines de verres en cristal K/105 du catalogue de l'année dernière.
.... En remplacement, la Verrerie recommande au client le verre K/106 à la page 17 du nouveau catalogue ci-joint.

13. Les réclamations de l'acheteur

La qualité et la quantité ne correspondent pas à la commande

27 → 30

Cannes, le 11 novembre 19..

Messieurs Jacques Grammont S. A.
35, rue du Musée

06200 Nice

Messieurs,

a) Votre livraison de ce matin n'est malheureusement pas conforme à ma commande du 6 ct.

b) Au lieu des 40 poulets frais commandés, vous m'avez envoyé 30 poulets surgelés. Il s'agit probablement d'une confusion. J'ai tout de suite placé ces poulets dans mon congélateur et les tiens à votre disposition.

c) Veuillez me livrer par exprès les 40 poulets frais dont j'ai un urgent besoin.

Je vous prie d'agréer, Messieurs, mes salutations distinguées.

Georges Meylan
Hôtel Central

correspondre à qch. (être conforme à qch.), § 26 b	übereinstimmen mit etwas (entsprechen)
le poulet surgelé	das tiefgefrorene Hühnchen
s'agir de (§ 26 a)	sich handeln um
probablement (il est probable)	wahrscheinlich
la confusion (confondre)	die Verwechslung (verwechseln)
le congélateur	der Tiefkühler
tenir (mettre) qch. à la disposition de qn	jdm. etwas zur Verfügung stellen
par exprès (§ 45)	als Express-Sendung
avoir un urgent besoin de qch. (§ 26 a)	etwas dringend benötigen

Eléments de la réclamation et variantes

a) L'acheteur se réfère à la livraison, à d'autres services ou à la facture
(Der Käufer bezieht sich auf die Lieferung, auf andere Dienstleistungen oder auf die Rechnung)

Le 20 mars, je vous ai commandé 15 téléviseurs, livrables fin juin.

Am 20. März habe ich bei Ihnen 15 Fernseher bestellt, lieferbar Ende Juni.

Je dois malheureusement me plaindre de votre envoi du 15 ct.

Ich muss mich leider über Ihre Sendung vom 15. d. M. beschweren.

L'organisation du voyage ne m'a pas donné satisfaction.

Die Organisation der Reise hat mich nicht zufriedengestellt.

b) Il motive sa réclamation (Er begründet seine Beschwerde)

● *La livraison a du retard (Die Lieferung hat Verspätung)*

Le délai convenu est dépassé depuis 10 jours et je n'ai pas encore reçu les appareils.

Die vereinbarte Frist ist seit 10 Tagen überschritten, und ich habe die Apparate noch nicht erhalten

● *La qualité laisse à désirer (Die Qualität lässt zu wünschen übrig)*

Deux valises ont été endommagées (§ 16a).

Zwei Koffer sind beschädigt worden.

La machine ne fonctionne (marche) pas normalement (§ 37a).

Die Maschine läuft nicht normal.

● *La quantité ne correspond pas à la commande (Die Menge entspricht nicht der Bestellung)*

17 boîtes de conserves manquent. (Il manque 17 boîtes de conserves.)

17 Konservenbüchsen fehlen. (Es fehlen 17 Konservenbüchsen.)

● *D'autres services ne donnent pas satisfaction (Andere Dienstleistungen befriedigen nicht)*

Les chambres ne donnaient pas sur la mer.

Die Zimmer boten keine Meersicht.

● *Le prix facturé n'est pas conforme à l'offre (Der verrechnete Preis stimmt nicht mit dem Angebot überein)*

En vérifiant (§ 35a) votre facture, j'ai constaté une erreur.

Bei der Prüfung Ihrer Rechnung habe ich einen Irrtum festgestellt.

c) L'acheteur propose un règlement de l'affaire   (Der Käufer schlägt eine Regelung der Angelegenheit vor)

● *La livraison a du retard   (Die Lieferung hat Verspätung)*

J'attends les téléviseurs commandés dans les prochains jours, au plus tard le 20 juillet.	Ich erwarte die bestellten Fernseher in den nächsten Tagen, spätestens am 20. Juli.

● *La qualité laisse à désirer   (Die Qualität lässt zu wünschen übrig)*

Veuillez remplacer les valises endommagées dès que possible.	Bitte ersetzen Sie die beschädigten Koffer sobald wie möglich.
Ayez l'obligeance d'envoyer un technicien (mécanicien) réparer la machine.	Bitte schicken Sie einen Techniker (Mechaniker) vorbei, der die Maschine repariert. (Wörtlich: Haben Sie die Freundlichkeit...)

● *La quantité ne correspond pas à la commande   (Die Menge entspricht nicht der Bestellung)*

J'attends les boîtes manquantes par exprès (§ 45).	Ich erwarte die fehlenden Büchsen als Expressgut.

● *D'autres services ne donnent pas satisfaction   (Andere Dienstleistungen befriedigen nicht)*

Je vous prie de me rembourser fr. 175.– (§ 27).	Ich bitte Sie um Rückvergütung von Fr. 175.–.

● *Le prix facturé n'est pas conforme à l'offre (Der verrechnete Preis stimmt nicht mit dem Angebot überein)*

Ayez l'obligeance de rectifier la facture ci-incluse (§ 22b).	Bitte berichtigen Sie die beiliegende Rechnung. (Wörtlich: Haben Sie die Freundlichkeit...)

Dans un grand magasin   (In einem Warenhaus)

Une cliente mécontente s'adresse à un inspecteur:	Eine unzufriedene Kundin wendet sich an einen Inspektor:
– Je veux me plaindre...	– Ich will mich beschweren...
– Voyez au fond, à gauche, le bureau des réclamations.	– Schauen Sie hinten links, das Büro für Reklamationen.
– Justement, je veux me plaindre du bureau des réclamations.	– Eben, ich will mich über das Büro für Reklamationen beschweren.

Un ordinateur ne fonctionne pas normalement

28 19 ←

M. Charles Bouvier téléphone à la maison Verdier & Cie où il a acheté son ordinateur il y a 5 mois. La téléphoniste le met en communication avec M. Glardon.

Le client se plaint que l'appareil ne fonctionne plus normalement. C'est fâcheux, car sans ordinateur, le comptable ne peut pas travailler d'une façon rationnelle. Il prie le fournisseur d'envoyer dès que possible un technicien réparer l'appareil qui est encore sous garantie.

La maison Verdier & Cie répond qu'elle ne peut pas s'expliquer la panne. C'est la première fois qu'on se plaint de cet ordinateur. Le technicien, M. Duvoisin, pourrait passer chez le client le lendemain matin entre 9 et 11 heures. Cette proposition convient parfaitement à M. Bouvier.

se plaindre que + subjonctif (§ 31b)	sich beklagen, dass
fâcheux(se), § 5	ärgerlich
travailler d'une façon rationnelle	rationell arbeiten
dès que possible (le plus vite possible)	sobald wie möglich (möglichst bald)
le technicien (le mécanicien), § 44	der Techniker (der Mechaniker)
être sous garantie (f)	unter Garantie stehen
la panne	die Panne, die Störung
se plaindre de qch. (§ 26a)	sich über etwas beklagen
le lendemain matin	am nächsten Morgen
convenir parfaitement à qn (§ 37a)	jdm. sehr gut zusagen (passen)

Les chambres d'hôtel ne convenaient pas

29 → 32

Morges, le 13 juillet 19..

Bonvin S.A.
Agence de voyages
Bd des Philosophes 67

1207 Genève

Messieurs,

Dans l'ensemble, nous .... un beau souvenir .... voyage .... vous avez organisé .... notre groupe.

.... hôtel BELLEVUE de Nice cependant, ... nous avons passé deux nuits, nos chambres ne (correspondre) .... pas à .... que vous nous (réserver) .... Au lieu .... nous loger .... des chambres côté sud, ... sur la mer, la direction nous .... a (offrir) .... du côté nord d'où l'on ne (voir) .... pas la mer.

.... votre catalogue, la différence de prix .... fr. 9.– .... nuit et .... personne. Nous vous prions donc .... fr. 270.– pour 15 personnes .... compte n° 3794 .... Banque populaire suisse de Morges.

.... agréer, Messieurs, nos salutations

....

Pierre Durand
Responsable .... groupe

dans l'ensemble (m)	im grossen und ganzen
garder un beau souvenir	ein schönes Andenken bewahren
cependant	indessen, hingegen
correspondre à qch., être conforme à qch. (§ 26 b)	entsprechen, übereinstimmen mit etwas
du côté sud (de l'autre côté)	auf der Südseite (auf der andern Seite)
la chambre donne sur la mer	das Zimmer bietet Meersicht
loger (le logement)	einquartieren, unterbringen (die Unterkunft)
verser une somme à un compte	eine Summe auf ein Konto überweisen
la Banque populaire suisse	die Schweizerische Volksbank
le responsable (être responsable de qch. ou de qn), § 26 a	der Verantwortliche (verantwortlich sein für etwas oder jdn.)
le groupe (§ 49 a)	die Gruppe

Exercices: les réclamations de l'acheteur

1. Exprimez l'occasion par le gérondif et complétez (§ 35 a)

1. (Quand j'ai ouvert) .... la caisse, j'ai constaté que 7 tasses étaient ....

2. (Quand j'ai vérifié) .... la facture, j'ai trouvé une ....

3. (Quand j'ai contrôlé) .... la machine, j'ai remarqué qu'elle ne marchait pas ....

2. Mettez le pronom démonstratif convenable et accordez le participe passé s'il le faut (§ 11, 21 b)

1. La qualité n'est pas conforme à .... que vous m'avez (promettre) ....

2. Les tissus ne correspondaient pas à .... que vous m'aviez (présenter) ....

3. Le prix facturé n'est pas .... que vous avez (fixer) ....

4. Les chambres n'étaient pas conformes à .... que vous m'aviez (proposer) ....

3. Traduisez (§ 27)

1. Neun Lampen sind beschädigt. Ich bitte um sofortigen Ersatz.
2. Die Rechnung enthält einen Irrtum. Ich bitte um Berichtigung.
3. Die Maschine läuft nicht normal. Ich bitte um baldige Reparatur.
4. Die Zimmer hatten weder Dusche noch WC (ne...ni...ni). Wir bitten um Rückvergütung von Fr. 24.– je Person.

4. Mettez dans l'ordre logique et remplacez les expressions en italique (kursiv) par des synonymes
(→ Exercice 4, page 83)

1. Le 15 décembre, Georges Meylan, Hôtel Central, 06400 Cannes, écrit à Lacoste & Monnet, 35, rue de la Gare, 13015 Marseille:
.... Nous sommes déjà *mi*-décembre et je n'ai reçu ni votre avis d'expédition ni les vins. Ce retard me cause des *ennuis*.
.... J'attends donc votre livraison au plus tard le 20 *ct.*
.... Le 28 octobre, je vous ai commandé 120 bouteilles de Beaujolais, au prix de 9 F 20 la bouteille. *Elles auraient dû me parvenir* fin novembre.

14. La réponse du vendeur à une réclamation

La qualité et la quantité ne correspondent pas à la commande

30 27 ←

Nice, le 13 novembre 19..

Monsieur Georges Meylan
Hôtel Central
27, rue de la Poste

06400 Cannes

Monsieur,

a) Nous regrettons sincèrement que vous ayez à vous plaindre de notre livraison du 11 ct.

b) Nos recherches ont confirmé ce que vous supposiez. A la suite de l'inattention d'un nouvel employé, vous avez reçu les poulets qui étaient destinés à un autre client.

c) Nous vous prions de nous excuser de cette confusion.

d) Vous recevrez les 40 poulets frais commandés par exprès. Veuillez nous renvoyer la mauvaise livraison à nos frais.

e) Soyez assuré que nous vous servirons d'une façon irréprochable à l'avenir.

Nous vous prions de croire, Monsieur, à nos sentiments les meilleurs.

Jacques Grammont S. A.

la réclamation	die Beschwerde
correspondre à qch. (§ 26b)	mit etwas übereinstimmen
regretter sincèrement que + subjonctif (§ 31b)	aufrichtig bedauern, dass
se plaindre de qch. à qn (§ 26a)	sich über etwas bei jdm. beklagen (beschweren)
faire des recherches (f)	Nachforschungen anstellen
supposer	vermuten
à la suite de (par suite de)	infolge
une inattention	eine Unachtsamkeit (Unaufmerksamkeit)
être destiné à qn (§ 26b)	bestimmt sein für jdn.
la confusion (confondre)	die Verwechslung (verwechseln)
renvoyer (retourner)	zurücksenden
la fausse (mauvaise) livraison	die Fehllieferung
à nos frais (m)	auf unsere Kosten
servir d'une façon irréprochable (attentive)	einwandfrei (aufmerksam) bedienen

Eléments et variantes

a) Le vendeur se réfère à la réclamation en exprimant ses regrets   (Der Verkäufer bezieht sich auf die Beschwerde, indem er sein Bedauern ausdrückt)

Nous regrettons qu'une erreur se soit (§ 31b) glissée dans notre facture.

Es tut uns leid, dass sich ein Fehler in unsere Rechnung eingeschlichen hat.

Nous regrettons vivement que vous n'ayez pas encore reçu les appareils commandés.

Wir bedauern sehr, dass Sie die bestellten Apparate noch nicht erhalten haben.

b) Il donne une explication   (Er gibt eine Erklärung ab)

● *Force majeure   (Höhere Gewalt)*

Le retard a été causé par une épidémie de grippe.

Die Verspätung ist durch eine Grippewelle verursacht worden.

Une grève a immobilisé la fabrication.

Ein Streik hat die Fabrikation stillgelegt.

● *Erreur humaine   (Menschliches Versagen)*

La confusion est due à l'inattention d'un nouvel employé.

Die Verwechslung ist auf die Unachtsamkeit eines neuen Angestellten zurückzuführen.

L'erreur s'est produite en l'absence du collaborateur compétent.

Der Irrtum ereignete sich während der Abwesenheit des zuständigen Mitarbeiters.

Le défaut a échappé aux services de contrôle.

Der Mangel ist den Kontrollstellen entgangen.

● *Incident technique   (Technisches Versagen)*

Une panne a immobilisé deux machines.

Eine Panne hat zwei Maschinen ausser Betrieb gesetzt.

L'incident est dû à une mauvaise programmation de l'ordinateur.

Der Vorfall ist auf eine Fehlprogrammierung des Computers zurückzuführen.

c) Le vendeur présente ses excuses   (Der Verkäufer bittet um Entschuldigung)

Veuillez nous excuser de cet incident.

Bitte verzeihen Sie uns diesen Vorfall.

d) Le vendeur propose de régler l'affaire   (Der Verkäufer schlägt vor, die Angelegenheit zu regeln)

● *La livraison a du retard   (Die Lieferung hat Verspätung)*

Vous recevrez les téléviseurs avant le 20 ct.	Sie werden die Fernseher vor dem 20. d. M. erhalten.

● *La qualité laisse à désirer   (Die Qualität lässt zu wünschen übrig)*

Nous remplacerons immédiatement les valises endommagées.	Wir werden die beschädigten Koffer unverzüglich ersetzen.
Notre technicien passera demain chez vous pour réparer la machine.	Unser Techniker wird morgen bei Ihnen vorbeikommen, um die Maschine zu reparieren.

● *La quantité ne correspond pas à la commande   (Die Menge entspricht nicht der Bestellung)*

Les boîtes manquantes vous parviendront demain.	Die fehlenden Büchsen werden morgen bei Ihnen eintreffen.

● *D'autres services ne donnent pas satisfaction   (Andere Dienstleistungen befriedigen nicht)*

Nous avons fait virer fr. 175.– à votre compte en banque.	Wir haben Fr. 175.– auf Ihr Bankkonto überweisen lassen.
Nous sommes prêts à vous accorder un rabais (une remise) de 20%.	Wir sind bereit, Ihnen einen Rabatt (Nachlass) von 20% zu gewähren.

● *Le prix facturé n'est pas conforme à l'offre   (Der verrechnete Preis stimmt nicht mit dem Angebot überein)*

Vous trouverez ci-joint (§ 22a) la nouvelle facture qui annule la précédente.	Sie finden als Beilage die neue Rechnung, welche die frühere ersetzt.

e) Le vendeur promet de satisfaire son client à l'avenir   (Der Verkäufer verspricht, seinen Kunden in Zukunft zufriedenzustellen)

De tels incidents ne se reproduiront sûrement pas.	Solche Vorfälle werden sich sicher nicht wiederholen.
Vous pourrez compter sur un service impeccable (ponctuel) à l'avenir.	Sie können in Zukunft mit einer tadellosen (pünktlichen) Bedienung rechnen.

Réclamation relative à un livre

Dialogue entre Madame Bouvier et le vendeur d'une librairie

31

- Bonjour, madame, que désirez-vous?
- ~ Bonjour, monsieur. Je vous rapporte ce livre. Vous me l'avez vendu il y a trois jours. Regardez! Il manque 16 pages. Voici le ticket de caisse.
- Je suis désolé, madame. Cela arrive, malheureusement. Donnez-moi le livre. Je vais le montrer à mon patron. (Une minute après) Comme vous le savez, les livres de poche sont imprimés en très grande série et des incidents techniques sont toujours possibles. Le défaut a probablement échappé au contrôle. Veuillez nous en excuser.
- ~ Avez-vous un autre exemplaire en stock?
- Non, je viens de regarder. Nos trois exemplaires ont le même défaut. Nous allons les renvoyer à l'éditeur. Dès que nous aurons reçu une nouvelle série, nous vous enverrons un exemplaire impeccable.
- ~ D'accord. C'est pour Madame Bouvier, rue des Alpes 23, 1201 Genève.
- (Après avoir noté l'adresse) Merci. Nous regrettons vivement cet incident. Nous espérons que vous ne nous en voudrez pas d'avoir dû revenir.
- ~ Ce n'est pas bien grave. De toute façon, j'avais à faire dans le quartier. Au revoir, monsieur.
- Au revoir, madame.

relatif(ve) à (concernant)	betreffend
la librairie, un(e) libraire	die Buchhandlung, ein(e) Buchhändler(in)
je suis désolé(e)	es tut mir leid
imprimer en grande série	in grossen Auflagen drucken
un incident technique (une panne)	ein technisches Versagen (eine Panne)
le défaut	der Mangel
probablement	wahrscheinlich
échapper au contrôle (m), § 49a	der Kontrolle entgehen
un exemplaire en stock (m)	ein Exemplar am Lager
un(e) éditeur(trice)	ein(e) Verleger(in)
impeccable (irréprochable)	tadellos (einwandfrei)
en vouloir à qn	jdm. etwas übelnehmen
grave(-)	schlimm
de toute façon	sowieso, ohnehin

Réclamation et réponse au sujet de chambres d'hôtel

32 29 ↔ 33

L'agence de voyages Bonvin S.A., Genève, s'adresse par télex à l'hôtel «Bellevue», Nice.

```
635274   bell f
428127   bonv ch

tx   no 247      15/7        14.50

reclamation groupe durand 15 personnes.
chambres 2 et 3 juillet
donnant pas sur mer contrairement a offre 1er juin

veuillez nous crediter de fr.s. 18 par personne. ok?
attendons reponse immediate+

excusez mauvaise repartition des chambres.
acceptons proposition. vous creditons de fr.s. 270++

635274   bell f
428127   bonv ch
```

la réclamation (la plainte)	die Beschwerde
au sujet de (concernant)	betreffend
s'adresser à qn	sich an jdn. wenden
le groupe (§ 49a)	die Gruppe
des chambres ne donnant (§ 33a) pas sur la mer	Zimmer ohne Meersicht
contrairement à qch.	im Gegensatz zu etwas
créditer qn d'une somme (§ 28)	jdm. eine Summe gutschreiben
par personne	je Person
immédiat(e)	sofortig, unverzüglich
une mauvaise (fausse) répartition des chambres (f)	eine falsche Zimmerzuteilung (eine Fehldisposition)
accepter une proposition	einen Vorschlag annehmen (mit einem Vorschlag einverstanden sein)

Les chambres d'hôtel ne convenaient pas

Réponse de l'agence de voyages

33 32 ←

Genève, le 16 juillet 19..

Monsieur Pierre Durand
Rue de Lausanne 17

1110 <u>Morges</u>

Monsieur,

Nous regrettons (vif) .... que vous (avoir) .... eu à vous plaindre
.... chambres .... Nice.

Il résulte .... nos recherches que la direction .... hôtel a (mauvais) ....
réparti les chambres. Elle s'......... est excusée et est prête .... rembourser fr. 18.– ....
personne.

Selon votre désir, nous avons .... fr. 270.– .... compte auprès
.... Banque p.............................. de Morges.

Nous espérons que vous (oublier) .... rapidement (ce) .... incident et
que vous (garder) .... en mémoire seulement les (beau) ....jours de
votre ....

.... agréer, Monsieur, nos salutations ....

Bonvin S. A.

---

se plaindre <u>de</u> qch. (§ 26a)	sich beschweren <u>über</u> etwas
il résulte de nos recherches (f) que	aus unseren Nachforschungen ergibt sich, dass
répartir (la répartition)	zuteilen (die Zuteilung)
s'excuser <u>de</u> qch. (§ 26a)	sich entschuldigen <u>für</u> etwas
être prêt(e) <u>à</u> faire qch. (§ 23b)	bereit sein, etwas <u>zu</u> tun
rembourser une somme (<u>le</u> rembourse-ment)	eine Summe zurückerstatten (<u>die</u> Rück-vergütung, die Nachnahme)
verser (faire virer) une somme <u>à</u> un compte	eine Summe <u>auf</u> ein Konto überweisen (lassen)
un incident	ein Vorfall, ein Zwischenfall
garder qch. en mémoire (f)	etwas in Erinnerung behalten

Erreur dans la facture

Entretien téléphonique entre Eve Gonin et M. Coulon de la maison Murset & Cie, voyages et transports.

34 14 ←

Jean Bouvier a recommandé la course d'école au Grand St-Bernard à la classe parallèle dont Eve Gonin est le chef.

Elle a fait organiser le même tour par la maison Murset & Cie qui lui avait soumis, le 17 juin, une offre identique à celle qu'avait reçue Jean Bouvier (voir page 42).

Toute la classe garde un beau souvenir du voyage qui a eu lieu le 28 septembre. Mais en vérifiant la facture du 2 octobre, Eve Gonin constate qu'on n'a pas déduit le rabais de 20% promis dans l'offre du 17 juin. Elle suppose qu'il s'agit d'une erreur.

M. Coulon regrette beaucoup qu'une erreur se soit glissée dans la facture et présente ses excuses. L'erreur s'est produite cn l'absence de l'employée compétente.

Eve Gonin recevra une nouvelle facture qui annule celle qu'on lui a envoyée. La maison Murset & Cie promet à la cliente de faire son possible pour que de tels incidents ne se reproduisent pas.

une erreur (par erreur)	ein Irrtum (irrtümlicherweise)
recommander qch. à qn	jdm. etwas empfehlen (auf Empfehlung
(sur la recommandation de qn)	von jdm.)
la classe parallèle	die Parallelklasse
faire organiser un tour	eine Tour (Reise) organisieren lassen
identique à	gleich(lautend) wie
garder un beau souvenir	ein schönes Andenken bewahren
avoir lieu	stattfinden
vérifier une facture	eine Rechnung prüfen
ne pas déduire le rabais promis	den versprochenen Rabatt nicht abziehen
(infinitif: promettre)	(Grundform: versprechen)
supposer	vermuten
une erreur s'est glissée dans la facture	ein Irrtum hat sich in die Rechnung
	eingeschlichen
s'excuser de qch. auprès de qn (§ 26a)	sich für etwas bei jdm. entschuldigen
se produire	sich ereignen, entstehen
compétent(e)	zuständig
annuler une facture (§ 49a)	eine Rechnung annullieren
pour que + subjonctif (§ 31c)	damit
de tels incidents m. (de telles erreurs f) § 5	solche Vorfälle (solche Irrtümer)
se reproduire (se répéter)	sich wiederholen

82

Exercices: la réponse du vendeur à une réclamation

1. Dérivez l'adverbe, mettez la forme convenable et complétez (§ 31 b, 37)

1. Nous regrettons (vif) .... qu'une erreur se (être) .... glissée dans notre f ....

2. Nous regrettons (infini) .... que notre envoi ne (correspondre) .... pas à votre c ....

2. Traduisez (§ 16, 37)

Il résulte de nos recherches…

1. eine Fehlprogrammierung des Computers
2. eine Fehlinformation der Kontrollstellen
3. eine Fehleinstellung (un… réglage) der Adressiermaschine
4. eine Fehlkalkulation (un… calcul) der Kosten

Remplacez le substantif et l'adjectif par le verbe et l'adverbe et mettez au passif:
1. …, dass der Computer falsch programmiert worden ist.

3. Mettez au futur et complétez (§ 14 a)

1. Nous vous (envoyer) .... demain une marchandise im ....

2. Vous (recevoir) .... ci-joint une nouvelle f ....

3. Les articles manquants vous (parvenir) .... par ex ....

4. Mettez dans l'ordre logique et rédigez la lettre
(Exercice 4, page 75 ←)

1. Le 16 décembre Lacoste & Monnet, 13015 Marseille, écrivent à Georges Meylan, Hôtel Central, 27, rue de la Poste, 06400 Cannes:
.... Les fournisseurs ont expédié les bouteilles en question par exprès. L'acheteur les recevra demain ou après-demain.
.... Ce retard est dû à une épidémie de grippe dans la région. Plusieurs employés sont tombés malades au début de décembre, au moment où leur service d'expédition était déjà surchargé de travail pour les fêtes de fin d'année. Les fournisseurs prient le client de les excuser de ne pas l'avoir avisé plus tôt.
.... Le client peut être assuré que les fournisseurs feront leur possible pour le servir ponctuellement à l'avenir.
.... Lacoste & Monnet regrettent sincèrement que les 120 bouteilles de Beaujolais commandées le 28 octobre ne soient pas encore parvenues à leur client.

15. Les réclamations du vendeur

Premier rappel

35 → 36

Genève, le 27 mai 19..

Monsieur Pierre Grandjean
Horlogerie-bijouterie
Rue de Genève 47

1003 Lausanne

Relevé de compte

Monsieur,

a) En examinant votre compte, nous constatons que la facture suivante n'est pas encore réglée:

numéro	date	montant	acompte	solde	échéance
6294	8.3.19..	fr. 8748.30	-	fr. 8748.30	7.5.19..

b) Ayez l'obligeance de nous faire parvenir le montant dû dans les prochains jours.

c) Nous vous en remercions d'avance et vous prions d'agréer, Monsieur, nos salutations distinguées.

Marcel Berdot S. A.
Fabrique de montres

Annexe:
un bulletin de versement

le rappel
la lettre de rappel (rappeler qch. à qn)
le relevé (l'extrait) de compte
régler une facture
le solde
l'échéance (f)
ayez l'obligeance (f) de + infinitif

le montant dû, la somme due
(infinitif: devoir)

le bulletin de versement

die Mahnung
der Mahnbrief (jdn. an etwas erinnern)
der Kontoauszug
eine Rechnung begleichen
der Restbetrag, der Saldo
der Verfall
seien Sie so freundlich (wörtlich: haben Sie
die Freundlichkeit)
der geschuldete (ausstehende) Betrag,
die geschuldete (ausstehende) Summe
(Grundform: schulden)
der Einzahlungsschein

Eléments et variantes

a) Le créancier motive sa réclamation   (Der Gläubiger begründet seine Beschwerde)

● *Retard de paiement   (Zahlungsverzug)*

Permettez-nous de vous rappeler la facture suivante: …

Gestatten Sie uns, Sie an folgende Rechnung zu erinnern: …

Elle est échue depuis 15 jours.

Sie ist seit 14 Tagen fällig.

Votre compte présente un solde de fr. 796.– en notre faveur.

Ihr Konto weist einen Saldo von Fr. 796.– zu unseren Gunsten auf.

● *Erreur dans le paiement   (Irrtum in der Zahlung)*

Le montant de la facture ne s'élève pas à fr. 729.–, mais à fr. 792.–.

Der Rechnungsbetrag beläuft sich nicht auf Fr. 729.–, sondern auf Fr. 792.–.

● *Déduction non justifiée (Ungerechtfertigter Abzug)*

Nos prix s'entendent net, sans aucune déduction.

Unsere Preise verstehen sich netto, ohne jeden Abzug.

Nous ne pouvons accorder d'escomptes que pour des paiements dans les 30 jours.

Wir können Skontoabzüge nur für Zahlungen innert 30 Tagen gewähren.

b) Il prie le débiteur de régler sa dette   (Er bittet den Schuldner, seine Schuld zu begleichen)

Vous voudrez bien nous faire virer le montant dû (échu) dans les prochains jours.

Bitte lassen Sie uns den geschuldeten (fälligen) Betrag in den nächsten Tagen überweisen.

Nous vous serions obligés de nous verser (§ 18) prochainement la somme due (la différence).

Wir wären Ihnen dankbar, wenn Sie uns die geschuldete Summe (den Fehlbetrag) nächstens überweisen würden.

c) Le créancier remercie le débiteur de son paiement   (Der Gläubiger dankt dem Schuldner für seine Zahlung)

Nous vous remercions d'avance de votre prompt règlement.

Wir danken zum voraus für Ihr rasches Begleichen.

Avec nos remerciements anticipés…

Mit unserem Dank zum voraus…

Deuxième rappel

36 35 ↔ 37

Genève, le 18 juin 19..

Monsieur Pierre Grandjean
Horlogerie-bijouterie
Rue de Genève 47

1003 Lausanne

Notre facture N° 6294 du 8 mars

Monsieur,

Le 27 mai, nous vous avons rappelé cette facture, échue le 7 mai.

Comme nous devons nous-mêmes faire face à d'importantes obligations, vous comprendrez que nous comptons sur la rentrée ponctuelle de nos créances. Nous vous serions donc obligés de nous verser très prochainement les fr. 8748.30 dus.

Avec nos remerciements anticipés, nous vous présentons, Monsieur, nos salutations distinguées.

Marcel Berdot S.A.
Fabrique de montres

Annexe: un bulletin de versement

rappeler qch. à qn	jdn. an etwas erinnern (jdm. etwas in Erinnerung rufen)
échu(e)	fällig, verfallen
faire face à ses obligations (f)	seinen Verpflichtungen nachkommen
compter sur la rentrée ponctuelle de ses créances (f)	rechnen mit dem pünktlichen Eingang seiner Guthaben
être obligé(e) à qn de faire qch. (§ 18)	jdm. dankbar sein, wenn er etwas tut
le montant dû	der geschuldete Betrag
nos remerciements (m) anticipés	unser Dank im voraus

Troisième rappel

37 36 ↔ 38

Genève, le 20 juillet 19..

Monsieur Pierre Grandjean
Horlogerie-bijouterie
Rue de Genève 47

1003 <u>Lausanne</u>

Recommandée

Notre facture .... 8 mars

Monsieur,

Nous sommes (surprendre) .... que vous n'(avoir) .... pas répondu .... nos rappels .... 27 mai et .... 18 juin.

Dans l'(intéresser, substantif) .... de notre clientèle, nos prix sont (calculer) .... au plus juste. Ils ne (supporter) .... pas de délais de paiement trop (long) .... Comme notre facture est échue depuis plus .... deux mois, vous (comprendre, futur) .... que nous ne pouvons pas .... plus longtemps.

Nous vous serions donc très obligés .... nous faire parvenir le montant de fr. 8748.30 avant la fin .... mois, car il nous (être, conditionnel) .... désagréable de devoir remettre (ce) .... affaire à l'Office des ....

Veuillez agréer, Monsieur, l'expression .... nos sentiments (distingué) ....

Marcel Berdot S.A.

Fabrique de montres

Annexe: un bulletin .... versement

<u>la</u> lettre recommandée (§ 20a)	<u>der</u> Einschreibebrief
surprendre (la surprise)	überraschen (die Überraschung)
calculer au plus juste	äusserst knapp berechnen
supporter	ertragen
<u>le</u> délai de paiement	<u>die</u> Zahlungsfrist
une facture échue	eine fällige Rechnung
patienter (la patience)	sich gedulden (die Geduld)
être obligé à qn <u>de faire</u> qch. (§ 18)	jdm. dankbar sein, <u>wenn</u>
remettre une affaire à qn	jdm. eine Angelegenheit übergeben
l'Office (m) des poursuites (poursuivre)	das Betreibungsamt (betreiben)

Demande de délai

Le 25 juillet, Pierre Grandjean, 1003 Lausanne, écrit à la maison Marcel Berdot S.A., Fabrique de montres, rue de Lyon 97, 1203 Genève.

38 37 ←

(Objet:) La facture du créancier du 8 mars

Le débiteur prie le créancier d'excuser le retard apporté au paiement de cette facture. Grandjean n'a pas répondu aux rappels du créancier parce qu'il a toujours espéré pouvoir lui verser les fr. 8748.30 dus, mais malheureusement il ne lui a pas été possible de le faire.

Les affaires sont très calmes en ce moment et des stocks considérables immobilisent les capitaux du débiteur. De plus, des créances sur lesquelles il avait compté ne sont pas rentrées, car un de ses clients a fait faillite.

Le débiteur demande au créancier s'il peut encore patienter trois semaines. Un de ses clients lui a promis d'effectuer un important paiement pour la mi-août.

Le débiteur promet au créancier de respecter le nouveau délai et le remercie d'avance de sa compréhension.

la demande de délai	das Stundungsgesuch
le débiteur, le créancier	der Schuldner, der Gläubiger
le retard apporté au paiement	der Zahlungsverzug
les affaires (f) sont calmes	die Geschäfte sind flau
des stocks (m) considérables	beträchtliche Lager(bestände)
immobiliser des capitaux (§ 1)	Kapitalien festlegen
la créance, la dette	das Guthaben, die Schuld
faire faillite (f)	Konkurs machen
patienter (la patience)	sich gedulden (die Geduld)
promettre (la promesse)	versprechen (das Versprechen)
effectuer un paiement	eine Zahlung leisten
(la) mi-août	Mitte August
respecter (observer) un délai	eine Frist einhalten
la compréhension (comprendre)	das Verständnis (verstehen)

Exercices: les réclamations du vendeur

1. Remplacez la proposition relative par le participe présent et complétez (§ 33a)

1. Notre facture (qui s'élève) _____ à fr. 597.– n'est pas encore
   _____.
2. Vous trouverez ci-joint votre relevé de compte (qui présente) _____
   _____ un solde de fr. 491.– en notre _____.
3. Notre facture (qui concerne) _____ la livraison du 1er novembre
   est _____ depuis 15 jours.

2. Accordez le participe passé où il le faut et complétez (§ 21a)

1. Messieurs, Le 16 octobre, je vous ai (prier) _____ de régler ma
   _____ du 27 août.
2. Messieurs, Le 18 janvier, je vous ai (envoyer) _____ le relevé de votre
   _____.
3. Madame, Le 2 mars, nous vous avons (inviter) _____ à solder la facture
   du 16 d…

3. Formez les substantifs

1. payer	4. rappeler	7. escompter	10. régler
2. solder	5. verser	8. virer	11. obliger
3. remercier	6. déduire	9. différer	12. compter

4. Mettez dans l'ordre logique et cherchez des synonymes

1. Le 25 septembre, la maison Murset & Cie, rue de Savoie 19, 1207 Genève, écrit à
   Henri Besson, place du Marché 3, 1820 Montreux:
   .... Nous vous serions donc très obligés de nous *faire parvenir* la différence de
   fr. 66.50 *dans les prochains jours.*
   .... Vous avez *versé* fr. 3258.50 à notre compte de chèques postaux. Nous vous en
   remercions.
   .... Espérant pouvoir compter sur votre compréhension, nous…
   .... Vous n'avez probablement pas remarqué la *mention* «payable dans les 30 jours
   net» sur notre facture du 15 août. Nos prix étant calculés au plus juste, nous ne
   pouvons malheureusement pas accepter votre déduction.

Récapitulation

Réserves et réclamations

Complétez:

Acheteur	Vendeur
Réserves sur l'offre	*Réserves sur la commande*
1. Le prix proposé est trop é................. .	5. Le modèle désiré ne se f......................... plus.
2. Le délai de livraison est trop l................. .	6. L'article commandé n'est plus en s................. .
3. Le délai de paiement est trop c................. .	7. Nous ne d......................... plus de chambres avec douche.
4. Nous ne pouvons nous charger des frais de t................................. .	8. Il y a trop peu d'inscriptions pour ce c.................
Réclamations portant sur la livraison, d'autres services ou la facture	*Réclamations portant sur le paiement*
9. *Retard:* Le délai convenu est d......................... depuis 15 jours.	14. *Retard:* Notre facture du 11 juin n'est pas encore r......................... .
10. *Qualité livrée:* La machine ne f......................... pas normalement.	15. *Retard:* Permettez-nous de vous r......................... notre facture du 2 septembre.
11. *Quantité livrée:* Nous avons constaté que 4 assiettes m......................... .	16. *Déduction non justifiée:* Nos factures sont p......................... dans les 30 jours net.
12. *Autres services:* Les chambres ne d......................... pas sur la mer.	17. *Déduction non justifiée:* Nous n'accordons d'es......................... que pour des paiements dans les 30 jours.
13. *Prix facturé:* Vous n'avez pas d......................... le rabais promis.	18. *Erreur:* Le montant dû ne s'é......................... pas à fr. 819.–, mais à fr. 891.–.

Quatrième dossier

Employeurs
et employés

Arbeitgeber und Arbeitnehmer

L'engagement de personnel (Vue d'ensemble)
Die Anstellung von Personal (Übersicht)

Employeur ou patron Arbeitgeber oder Meister	*Postulant ou candidat* Bewerber oder Anwärter

offre d'emploi ou annonce,
page 94
Stellenangebot oder Inserat,
Seite 94

offre de service et curriculum
vitae, p. 98 et 102
Stellengesuch und Lebenslauf,
Seiten 98 und 102

convocation, page 103
Vorladung, Seite 103

présentation, page 104
Vorstellung, Seite 104

demande de renseignements
sur le postulant, page 105
Auskunftsgesuch über den
Bewerber, Seite 105

demande de renseignements
sur l'entreprise, page 106
Auskunftsgesuch über das
Unternehmen, Seite 106

engagement avec contrat
de travail signé
Anstellung mit unterzeichnetem
Arbeitsvertrag

accord du postulant avec contrat
de travail contresigné
Einverständnis des Bewerbers
mit gegengezeichnetem
Arbeitsvertrag

La population active
Die berufstätige Bevölkerung

Les salariés
Die Lohnempfänger

ouvriers Arbeiter	employés Angestellte	fonctionnaires Beamte	cadres Vorgesetzte
agriculture *mines* *industrie* Landwirtschaft Bergbau Industrie	*commerce* *bureaux* *magasins* Handel Büros Läden	*Etat et administra-* *tion publique* *écoles* Staat und öffentliche Verwaltung Schulen	*entreprises privées* *et* *services publics* private Unterneh- men und öffentliche Dienste
ouvriers agricoles *mineurs* *ouvriers d'usine* Landarbeiter Grubenarbeiter Fabrikarbeiter	*employés de commerce* *employés de bureau* *vendeurs* kaufm. Angestellte Büroangestellte Verkäufer	*juges* *agents de police* *professeurs* Richter Polizeibeamte (Fach)lehrer	*fondés de pouvoir* *chefs de service* *directeurs* Prokuristen Abteilungsleiter Direktoren

En Suisse, une petite moitié de la population exerce une profession. Une personne sur dix travaille à son compte.

In der Schweiz übt knapp die Hälfte der Bevölkerung einen Beruf aus. Von zehn Personen arbeitet eine auf eigene Rechnung.

Les travailleurs non salariés ou indépendants
Die Selbständigen oder Freierwerbenden

agriculteurs Landwirte	artisans Handwerker	commerçants Kaufleute	professions libérales freie Berufe
secteur primaire primärer Sektor	*secteur secondaire* sekundärer Sektor	*secteur tertiaire* tertiärer Sektor	*secteur tertiaire* tertiärer Sektor
cultivateurs *paysans* *viticulteurs* Landwirte Bauern Weinbauern	*menuisiers* *électriciens* *mécaniciens* Schreiner Elektriker Mechaniker	*libraires* *droguistes* *épiciers* Buchhändler Drogisten Lebensmittelhändler	*avocats* *médecins* *artistes* Anwälte Ärzte Künstler

Jean Bouvier et son amie cherchent une place

Jean Bouvier et sa camarade de classe Lucienne Ducret de l'école professionnelle de commerce vont terminer leur apprentissage.

Ils font déjà des projets d'avenir. Tous les deux changeront de maison après leur examen de fin d'apprentissage. Ecoutons leur conversation pendant une récréation:

– Salut, Lucienne. Je sais que tu vas quitter ta boîte. As-tu déjà trouvé une place?
~ Non, pas encore, mais je lis les offres d'emploi tous les jours. La publicité m'inté-resserait pour le contact avec les clients. Et toi, Jean?
– Oh, moi, je cherche quelque chose dans l'exportation à cause des déplacements possibles. Je voudrais aller en Angleterre ou aux Etats-Unis.
~ Ce serait formidable. C'est vrai, tu es très bon en anglais et tu as déjà fait un stage d'un an dans l'exportation.
– Tiens. Regarde ce que j'ai trouvé ce matin! (Jean sort une annonce de sa poche et la montre à sa collègue. Celle-ci la lit.)
~ Fantastique! C'est juste ce que tu cherches (voir page 94).
– Oui, je vais écrire dès ce soir. Mais j'ai aussi quelque chose pour toi. Que penses-tu de cette annonce? (voir page 96)

faire des projets (m) d'avenir	Zukunftspläne schmieden
changer de maison (place)	die Firma (Stelle) wechseln
l'examen (m) de fin d'apprentissage	die Lehrabschlussprüfung
la boîte (fam.) = la maison	hier: die Bude (familiärer Ausdruck für: die Firma)
une offre d'emploi	ein Stellenangebot
la publicité (la réclame)	die Werbung (die Reklame)
le déplacement	die Versetzung
formidable = très beau	unerhört, fabelhaft
faire un stage à l'étranger (m)	im Ausland ein Praktikum machen

16. L'offre d'emploi

39 → 41

→ 41

a) Entreprise commerciale de moyenne importance à Genève cherche

b) **jeune employé de commerce**

pour son service d'exportation.

c) Nous demandons de notre futur collaborateur:
- certificat de fin d'apprentissage ou diplôme d'une école de commerce
- travail consciencieux et caractère sérieux
- bonnes connaissances d'anglais
- sens des responsabilités

d) Nous lui offrons:
- activité intéressante et variée
- ambiance de travail agréable avec horaire variable
- bon salaire et gratification
- possibilité de faire un stage à l'étranger

e) Entrée immédiate ou à convenir

f) Les intéressés sont invités à adresser leur offre manuscrite accompagnée d'un curriculum vitae et copies des certificats à Louis Martinet S.A., rue du Rhône 28, 1204 Genève.

une offre d'emploi	ein Stellenangebot
de moyenne importance (f)	mittelgross
le service d'exportation	die Exportabteilung
le collaborateur (la collaboratrice) § 5	der Mitarbeiter (die Mitarbeiterin)
le certificat de fin d'apprentissage	das Lehrabschlusszeugnis
le diplôme	das Diplom
consciencieux(se), § 5	zuverlässig, gewissenhaft
le caractère (§ 49k)	der Charakter
avoir le sens des responsabilités (f)	verantwortungsbewusst sein
une activité variée	eine abwechslungsreiche Tätigkeit
une ambiance de travail	ein Arbeitsklima
un horaire (de travail) variable (mobile)	eine gleitende Arbeitszeit
la gratification	die Sondervergütung (Gratifikation)
faire un stage à l'étranger (m)	ein Praktikum im Ausland machen
entrée (f) à convenir	Eintritt nach Vereinbarung
manuscrit(e), écrit(e) à la main	handgeschrieben
le curriculum vitae	der Lebenslauf
la copie de certificat	die Zeugnisabschrift

Eléments de l'offre d'emploi et variantes

a) L'entreprise se présente   (Die Unternehmung stellt sich vor)

Petite agence de publicité à Neuchâtel cherche...	Kleine Werbeagentur in Neuenburg sucht...
Importante société d'assurances genevoise cherche...	Bedeutende Genfer Versicherungsgesellschaft sucht...

b) Elle met en relief la place vacante   (Sie hebt die freie Stelle hervor)

collaborateur consciencieux	zuverlässiger Mitarbeiter
programmeur expérimenté	erfahrener Programmierer
secrétaire pour travail temporaire	Sekretär(in) für Teilzeitarbeit

c) Elle mentionne les qualités demandées   (Sie erwähnt die verlangten Eigenschaften)

formation complète (§ 5)	vollständige Ausbildung
certificat de fin d'apprentissage	Lehrabschlusszeugnis
sens des responsabilités	Verantwortungsbewusstsein
bonnes connaissances d'anglais	gute Englischkenntnisse

d) Elle mentionne les avantages qu'elle peut offrir   (Sie erwähnt die Vorteile, die sie bieten kann)

activité variée	abwechslungsreiche Tätigkeit
ambiance de travail agréable	angenehmes Arbeitsklima
possibilités d'avancement	Aufstiegsmöglichkeiten
bon salaire (13e mois de salaire)	gutes Gehalt (13. Monatslohn)
horaire (de travail) variable (mobile)	gleitende Arbeitszeit

e) Elle précise la date d'entrée   (Sie nennt das Eintrittsdatum)

Entrée immédiate ou à convenir	Eintritt sofort oder nach Vereinbarung

f) Elle invite les intéressés à prendre contact   (Sie lädt die Interessenten ein, Kontakt aufzunehmen)

Offres manuscrites avec curriculum vitae et copies des certificats à ...	Handgeschriebene Angebote mit Lebenslauf und Zeugnisabschriften an...
Ecrire sous chiffre...	Zuschriften unter Chiffre...

Offre d'emploi

40 → 42

Nous (être) .... une petite agence .... publicité (de Genève, adjectif) .... ct ....

jeune employée consciencieuse

pour tous les (travail) .... de bureau.

Nous (vouloir, conditionnel) .... confier ce poste à une (collaborateur) .... possédant une formation (complet) .... et (aimer) .... les contacts .... la clientèle. (Excellent) .... connaissances d'allemand nécessaires.

Nous (offrir) .... une activité .... dans une jeune équipe dynamique, une ambiance .... et un 13e mois .... salaire. Entrée .... convenir.

(Vouloir, impératif) .... adresser votre offre .... avec .... v.................... et copies des .... à Roger Mottier & Cie, bd Helvétique 46, 1206 Genève.

une offre d'emploi	ein Stellenangebot
consciencieux (se), § 5	zuverlässig, gewissenhaft
confier un poste à qn (la confiance)	jdm. einen Posten anvertrauen (das Vertrauen)
la formation (former)	die Ausbildung (ausbilden)
la clientèle (§ 45)	die Kundschaft
une activité (activer)	eine Tätigkeit (aktivieren, beleben)
une équipe dynamique	eine dynamische Gruppe (Equipe)
une ambiance de travail	ein Arbeitsklima
le boulevard (bd)	die breite Strasse (Ringstrasse)

Exercices: l'offre d'emploi

1. Mettez la proposition relative au subjonctif, puis remplacez-la par le participe présent (§ 31 d, 33 a)

1. Nous cherchons une employée (avoir) .... (....................) de l'initiative.
2. Il nous faudrait un employé (savoir) .... (....................) bien l'italien.
3. Nous avons besoin d'une collaboratrice (pouvoir) .... (....................) travailler d'une façon indépendante.

2. Indiquez le substantif et l'adjectif féminin (§ 5)

Nous cherchons

1. ouvr(ier).............. ponctu(el)..............
2. apprenti.............. travaill(eur)..............
3. caiss(ier).............. discr(et)..............
4. vend(eur).............. sérieu(x)..............
5. collabora(teur).............. qualifié..............

Nous engagerions

6. direc(teur).............. dynamique..............
7. (homme) .... exact..............
8. employé.............. acti(f)..............
9. traduc(teur).............. expérimenté..............
10. secrétaire.............. consciencieu(x)..............

3. Indiquez l'adjectif convenable

1. Entreprise (de l'industrie) .... cherche secrétaire pour travail (qui ne dure qu'un certain temps) ....
2. Préférons personne (ayant de l'expérience) ....
3. Offrons ambiance (de famille) .... et bon salaire.
4. Offres (écrites à la main) .... sous chiffre MY 3479, case (de la poste) .... 67, 2001 Neuchâtel.

4. Mettez dans l'ordre logique et cherchez des synonymes
(→ Exercice 4, page 101)

.... Nous offrons *activité* variée dans une *ambiance* de travail agréable et possibilité de se perfectionner en français.

.... Entreprise industrielle de moyenne *importance* près de Lausanne *cherche* jeune employé(e) de commerce pour la correspondance allemande.

.... Offres *manuscrites* avec curriculum vitae, copies des certificats et références à Pierre Gagnebin S.A., rue des Roses 91, 1020 Renens.

.... Nous *demandons* certificat *de fin d'apprentissage,* d'excellentes connaissances de langues et de la conscience au travail. Entrée à convenir.

17. L'offre de service

41 39 ↔ 43

Genève, le 2 février 19..

Messieurs Louis Martinet S. A.
Rue du Rhône 28

1204 <u>Genève</u>

a)   Votre annonce dans le «Journal de Genève»

Messieurs,

b)   Vous avez besoin d'un jeune employé consciencieux. Permettez-moi de vous offrir mes services.

c)   Dans six semaines, je terminerai mon apprentissage de commerce dans la maison Marcel Berdot S. A., Fabrique de montres, où je travaille actuellement au service d'exportation.

d)   Cette activité me plaît beaucoup, car elle m'offre la possibilité d'être en contact avec le monde entier. Pendant mes vacances, j'ai approfondi mes connaissances d'anglais à Londres. Maintenant, je cherche une place qui demande le sens des responsabilités et un patron qui me fasse confiance.

e)   Si vous m'engagez, je m'efforcerai de travailler à votre entière satisfaction.

Veuillez agréer, Messieurs, l'expression de mes sentiments distingués.

Jean Bouvier

Annexes: un curriculum vitae
        une copie de certificat

une offre de service	ein Stellengesuch
consciencieux(se), § 5	zuverlässig, gewissenhaft
<u>le</u> service d'export<u>ation</u>	<u>die</u> Exportabteilung
approfondir (perfectionner, parfaire, améliorer)	vertiefen (vervollkommnen, vervollständigen, verbessern)
le sens des responsabilités (f)	das Verantwortungsbewusstsein
faire confiance à qn	jdm. vertrauen
engager qn (<u>un</u> engagement)	jdn. anstellen (<u>eine</u> Anstellung)
s'efforcer <u>de</u> faire qch. (§ 23a)	sich bemühen, etwas <u>zu</u> tun

Eléments de l'offre de service et variantes

a) Le postulant indique une référence   (Der Bewerber gibt eine Referenz an)

voir La demande générale, alinéa a, page 25

siehe Die allgemeine Anfrage, Abschnitt a, Seite 25

b) Il offre ses services   (Er bietet seine Dienste an)

J'aimerais postuler (solliciter) cette place.

Ich möchte mich um diese Stelle bewerben.

c) Il décrit, en peu de mots, son activité actuelle   (Er beschreibt kurz seine gegenwärtige Tätigkeit)

Dans deux mois, je terminerai mon apprentissage de commerce.

In zwei Monaten werde ich meine kaufmännische Lehre beenden.

Je viens de réussir (§ 42 a) mon examen de fin d'apprentissage.

Ich habe soeben meine Lehrabschlussprüfung bestanden.

J'ai 21 ans et travaille actuellement dans la branche électronique.

Ich bin 21 Jahre alt und arbeite gegenwärtig in der Elektronikbranche.

d) Il fait valoir sa qualification pour la place sollicitée   (Er macht seine Eignung für die gewünschte Stelle geltend)

Mon patron vous confirmera que je travaille d'une façon soignée.

Mein Chef wird Ihnen bestätigen, dass ich sorgfältig arbeite.

J'ai pu me familiariser avec tous les travaux de bureau.

Ich konnte mich mit allen Büroarbeiten vertraut machen.

J'ai perfectionné (approfondi, complété) mes connaissances d'anglais à Londres.

Ich habe meine Englischkenntnisse in London vervollständigt (vertieft, erweitert).

Le chef du personnel est prêt à vous donner des renseignements complémentaires.

Der Personalchef ist bereit, Ihnen weitere Auskünfte zu erteilen.

e) Le candidat ou la candidate promet de rendre de bons services   (Der Bewerber oder die Bewerberin verspricht, gute Dienste zu leisten)

Si vous m'engagez, je ferai mon possible (de mon mieux) pour justifier votre confiance (§ 17 a).

Wenn Sie mich anstellen, werde ich mein möglichstes tun, um Ihr Vertrauen zu rechtfertigen.

Je m'efforcerai de travailler à votre entière satisfaction.

Ich werde mich bemühen, zu Ihrer vollen Zufriedenheit zu arbeiten.

Offre de service

42 40 ←

Genève, le 3 février 19..

Messieurs Roger Mottier & Cie
Bd Helvétique 46

1206 <u>Genève</u>

Messieurs,

.... votre annonce (paraître) .... dans «La Suisse», vous cherchez une jeune employée (consciencieux) .... Je voudrais .... cette place vacante.

.... bientôt trois ans que j'ai commencé mon (apprendre, substantif) .... de commerce .... la maison Chavannes S. A., bijouterie en gros, Genève. Je (compter) .... obtenir mon certificat de capacité .... quelques semaines.

En (passer) .... par divers services, j'ai pu me familiariser .... tous les (travail) .... de bureau. .... ma mère vient de Suisse alémanique, je parle (courant) .... l'allemand. Les personnes indiquées .... références dans le curriculum vitae (attester, futur) .... que j'aime le contact avec .... Bien que (débutant) ...., je cherche un poste de confiance dans la publicité .... m'intéresse ....

Si je suis (engager) ...., je (s'efforcer) .... de vous donner (tout) .... satisfaction.

.... agréer, Messieurs, mes salutations (empressé) ....

Lucienne Ducret

Annexes: un curriculum ....
                une copie .... certificat

compter faire qch. (§ 24)	gedenken, etwas <u>zu</u> tun
obtenir quelque chose	(durch Bemühungen) etwas erhalten
le certificat fédéral de capacité <u>d</u>'employé(e)	das eidgenössische Fähigkeitszeugnis <u>als</u> kauf-
de commerce	männische(r) Angestellte(r)
passer par divers services (m), voir page IX	durch verschiedene Abteilungen kommen
<u>le</u> poste de confiance	<u>die</u> Vertrauensstelle
s'efforcer <u>de</u> faire qch. (§ 23 a)	sich bemühen, etwas <u>zu</u> tun

Exercices: l'offre de service

1. Mettez la forme convenable et complétez (§ 30, 31d)

1. Je cherche une place qui me (permettre) .... d'améliorer mes connaissances de l.................. .

2. Je voudrais trouver un emploi où je (pouvoir) .... me spécialiser dans la com.................. .

3. Je désire un patron qui me (faire) .... con.................. .

2. Mettez la préposition convenable (§ 3)

J'ai été un mois	J'ai suivi un cours	Je reviens
1. .... Angleterre	5. .... Pays-Bas	9. .... Italie
2. .... Etats-Unis	6. .... France	10. .... Portugal
3. .... Portugal	7. .... Autriche	11. .... Pays-Bas
4. .... Londres	8. .... Vienne	12. .... Rome

3. Accordez les verbes et complétez (§ 17a)

1. Si vous m'(accorder) .... une entrevue, je (pouvoir) .... vous donner des renseignements plus p.................. .

2. Si je (être) .... engagé, je (justifier) .... votre confiance par un travail s.................. .

4. Mettez dans l'ordre logique et rédigez la lettre
(Exercice 4, page 97 ←)

1. Le 17 février, Béatrice Steiner, Limmatstrasse 56, 8005 Zurich, écrit à la maison Pierre Gagnebin S.A., rue des Roses 91, 1020 Renens:

.... Depuis bientôt trois ans, la candidate travaille chez M. Paul Kunz, société fiduciaire à Zurich. Elle compte obtenir son certificat de capacité dans quelques semaines. Ensuite, elle désire approfondir ses connaissances de français en Suisse romande.

.... Par son annonce parue dans le «Tages-Anzeiger» d'aujourd'hui, la maison Gagnebin S.A. cherche une jeune employée de commerce. Béatrice Steiner voudrait postuler cette place.

.... Si la candidate est engagée, elle fera tout son possible pour justifier la confiance du futur employeur. Annexes: un curriculum vitae, un certificat.

.... Le certificat ci-joint de l'école professionnelle de commerce atteste la préférence de Mlle Steiner pour les langues et la correspondance. Son patron d'apprentissage et son professeur de commerce confirmeront qu'elle travaille d'une façon rapide et soignée.

18. Le curriculum vitae

43 41 ↔ 44

Détails personnels

Nom et prénom	Bouvier Jean
Adresse	Rue des Alpes 23, 1201 Genève
	Téléphone 84 35 78
Date de naissance	16 août 19..
Lieu d'origine	Pully, canton de Vaud
Etat civil	célibataire

Ecoles fréquentées

19.. - 19..	Ecoles primaire et secondaire de Genève
19.. - 19..	Ecole professionnelle de commerce de Genève
	Cours facultatif d'espagnol
	Cours de vacances à Londres

Formation professionnelle

Apprentissage de commerce dans la maison Marcel Berdot & Cie S. A., Fabrique de montres, rue de Lyon 97, 1203 Genève

Stages dans les services suivants: secrétariat, publicité, exportation, comptabilité, fabrication, correspondance, facturation

Références

M. Jacques Blanc, chef du personnel, Berdot S. A., Genève
Mme C. Guye, professeur de commerce, rue de Bâle 39, Genève

Date d'entrée

Dès le 20 avril ou à convenir

le curriculum vitae	der Lebenslauf
les détails (m) personnels	die Personalien
la date de naissance (né le…)	das Geburtsdatum (geboren am…)
le lieu d'origine (originaire de…)	der Bürger- oder Heimatort (heimatberechtigt in…)
l'état (m) civil	der Zivilstand
faire un stage	ein Praktikum machen
le département (le service), page IX	die Abteilung
la facturation (facturer)	die Fakturierung (fakturieren)
le professeur de commerce	der (die) Handelslehrer(in)
entrée (f) à convenir	Eintritt nach Vereinbarung

19. La convocation du candidat

44 43 ↔ 45

Genève, le 6 février 19..

Monsieur Jean Bouvier
Rue des Alpes 23

1201 Genève

Monsieur,

Votre offre de service nous a fait une très bonne impression et nous vous en remercions.

Nous vous invitons à vous présenter au bureau 27, le mercredi 10 février, à 10 heures 30. Si le jour ou l'heure ne vous conviennent pas, nous vous prions de nous en aviser.

La brochure et le journal ci-inclus vous renseigneront sur notre branche et sur les activités de notre entreprise.

Nous sommes heureux de faire bientôt votre connaissance et vous prions d'agréer, Monsieur, nos salutations les meilleures.

Louis Martinet S.A.

Annexes mentionnées

---

la convocation; convoquer	die Einladung (wörtlich: die Vorladung; vorladen)
faire (une) bonne impression	einen guten Eindruck machen
inviter qn à faire qch. (§ 23b)	jdn. einladen, etwas zu tun
se présenter à (chez) qn	sich bei jdm. vorstellen
convenir	zusagen, passen
aviser qn de qch. (informer qn de qch.)	jdm. etwas melden (jdm. etwas mitteilen, jdn. von etwas benachrichtigen, jdm. Bericht geben)
renseigner qn sur qch. (donner des renseignements à qn sur qch.)	jdm. Auskunft geben über etwas, jdn. orientieren über etwas
une activité	eine Tätigkeit, eine Aktivität
être heureux(se) de faire qch. (avoir le plaisir de faire qch.)	sich freuen, etwas zu tun
faire la connaissance de qn	die Bekanntschaft machen

20. L'entrevue avec le candidat

45 44 ↔ 46 (47)

Le 10 février, Jean se rend à l'adresse indiquée, deuxième étage, bureau 27. A 10 heures précises, la secrétaire, Mlle Perrier, introduit le candidat dans le bureau du directeur, M. Martinet.

> – Bonjour, monsieur. Jean Bouvier, candidat à la place dans votre service d'exportation.
> ~ C'est ça. Bonjour, monsieur. Asseyez-vous. D'après votre offre, vous semblez bien avoir le profil demandé. C'est pourquoi j'ai tenu à vous voir. Parlons un peu de votre activité éventuelle. Les modalités d'engagement, vous les connaissez. Mais vous avez sûrement des questions.
> – Dans quels pays exportez-vous surtout?
> ~ Nous avons des relations d'affaires avec le monde entier, mais nous exportons surtout en Amérique du Nord. De bonnes connaissances d'anglais sont donc indispensables.
> – Oui, j'ai fait un séjour à Londres et je me suis déjà inscrit à un cours intensif, le soir, pour me perfectionner.
> ~ Ah, très bien. L'horaire de travail variable vous permettra de partir en conséquence.
> – Quelles sont les heures de travail fixes?
> ~ De 9 à 16 heures, tout le monde doit être là. De toute façon, nous travaillons 42 heures par semaine…

La discussion continue. On parle d'un déplacement éventuel à l'étranger, de la date d'entrée, du salaire, des possibilités d'avancement et des augmentations consécutives, etc. Après avoir fait le tour de l'entreprise, le directeur promet à Jean de lui faire connaître sa décision dans quelques jours.

une entrevue	eine persönliche Unterredung
introduire le candidat	den Anwärter hereinführen
tenir <u>à</u> qch.	Wert legen <u>auf</u> etwas
les modalités (f) d'engagement	Anstellungsbestimmungen
indispensable (–)	unerlässlich
le séjour (séjourner)	der Aufenthalt (sich aufhalten)
<u>un</u> horaire de travail variable	<u>eine</u> gleitende Arbeitszeit
partir en conséquence	dementsprechend weggehen
les heures (f) fixes	die Blockzeiten
les possibilités (f) d'avancement	die Aufstiegsmöglichkeiten
une augmentation (de salaire)	(Lohn)erhöhung
consécutif(ve)	nachfolgend
faire <u>le</u> tour de la maison	<u>einen</u> Firmenrundgang machen

21. Les renseignements commerciaux

Demande de renseignements sur un postulant

46 45 ↔ page 107

Genève, le 11 février 19..

Messieurs M. Berdot S.A.
A l'attention de
Monsieur J. Blanc
Rue de Lyon 97

Confidentiel

1203 Genève

Monsieur,

Votre apprenti de commerce, M. Jean Bouvier, vous a indiqué comme référence. Il sollicite chez nous une place au service d'exportation.

Vous nous obligeriez en répondant aux questions suivantes:
- Travaille-t-il d'une façon précise et soignée?
- Fait-il preuve d'initiative?
- Comment est son caractère?

Nous ferons un usage strictement confidentiel de vos renseignements et serions heureux de vous rendre un service analogue à l'occasion.

Veuillez agréer, Monsieur, avec nos remerciements anticipés, nos salutations distinguées.

Louis Martinet S.A.

les renseignements (m) commerciaux (§ 7b)	die geschäftlichen Auskünfte
la demande de renseignements	das Auskunftsgesuch
le postulant (le candidat)	der Bewerber (der Anwärter)
à l'attention (f) de M. Blanc	zuhanden von Herrn Blanc
confidentiel(le) (§ 5)	vertraulich
indiquer (nommer) comme référence (f)	als Referenz angeben (nennen)
obliger quelqu'un (§ 18)	jdn. zu Dank verpflichten
la façon (la manière)	die Art und Weise
faire preuve (f) d'initiative (f)	Initiative (Entschlusskraft) zeigen
le caractère	der Charakter
faire un usage strictement confidentiel (discret) de qch.	etwas streng vertraulich (verschwiegen) behandeln
nous sommes heureux de faire qch. (§ 29)	es freut uns, etwas zu tun
rendre un service analogue à qn	jdm. einen Gegendienst erweisen
les remerciements (m) anticipés	der Dank zum voraus

105

Renseignements sur une entreprise

47 45 ←

Entretien téléphonique entre Jean Bouvier et Madame Rossier, employée responsable de la Société suisse des employés de commerce.

– SSEC, bonjour.
~ Jean Bouvier, bonjour mademoiselle. Puis-je avoir des renseignements sur une entreprise?
– C'est Madame Rossier qui s'occupe de cela. Je vous la passe.
• Rossier, bonjour, monsieur.
~ Bonjour, madame. Je me suis présenté à la maison Martinet S.A., rue du Rhône 26. Il s'agit d'une jeune entreprise peu connue. Avant de signer mon contrat de travail et pour ne pas courir de risques, je voudrais quelques renseignements sur son chiffre d'affaires, sur sa situation financière et sur sa réputation.
• Ça ne pose aucun problème. Etes-vous membre de notre association?
~ Oui, depuis six mois.
• Un instant, je vous prie. (Une minute après) Voici la fiche de cette entreprise: Elle a été fondée en 1985 et fait le commerce de produits pharmaceutiques. La maison occupe une dizaine d'employés… Le chiffre d'affaires de l'année dernière s'élève à 6 millions… La situation financière semble saine…
~ A votre avis, la maison jouit donc d'une bonne réputation.
• En tout cas, nous ne savons rien de négatif à son sujet. Evidemment, nous ne pouvons pas vous renseigner sur l'ambiance ni sur les changements dans le personnel. Si vous désirez des renseignements plus détaillés, nous vous enverrons une copie de nos documents.
~ Oui, ça me serait très utile. Veuillez me l'adresser au 23, rue des Alpes, accompagnée de votre facture.
• C'est une prestation de notre association. Elle est gratuite, car nous n'avons dû faire aucune recherche particulière. L'entreprise figurait déjà dans notre fichier.
~ Je vous remercie beaucoup, au revoir, madame.
• A votre service, au revoir, monsieur.

la Société suisse des employés de commerce (SSEC)	der Schweizerische Kaufmännische Verband (SKV)
courir des risques (m)	Risiken eingehen
le chiffre d'affaires	der Umsatz
financier(ière)	finanziell
jouir d'une bonne réputation	einen guten Ruf geniessen
le membre d'une association	das Mitglied eines Verbandes
la fiche (le fichier)	Zettel, Karteiblatt (die Kartei)
sain(e), la santé	gesund, die Gesundheit
à ce sujet	diesbezüglich, in dieser Hinsicht
la prestation	Leistung

Exercices: les renseignements commerciaux

1. Formez la question par l'inversion (§ 19)

1. Est-ce que cette entreprise jouit d'une bonne réputation?
2. Est-ce que ce commerçant est solvable?
3. Est-ce que cet artisan fait ponctuellement face à ses obligations?
4. Est-ce que cette employée a de l'initiative?

2. Accordez le participe passé si nécessaire (§ 20c, 21a)

1. Cette employée nous a (rendre) .... d'excellents services.

2. Elle nous a (satisfaire) .... en tous points.

3. Elle nous a (donner) .... toute satisfaction.

4. Elle nous a (quitter) .... pour aller à l'étranger.

3. Répondez aux questions

Dans votre entreprise, plus précisément dans le service où vous travaillez actuellement, il y a une place vacante. Votre ami(e) s'y intéresse, mais ne veut pas courir de risques. Avant d'offrir ses services, il (elle) vous demande donc des renseignements:

1. Quand est-ce que la maison a été fondée?
2. Est-ce une grande ou une petite entreprise ou une maison de moyenne importance?
3. Combien d'employés occupe-t-elle?
4. Est-ce que l'entreprise fait le commerce de marchandises ou offre-t-elle d'autres services? Lesquels? (pages VIII et IX)
5. Est-ce que la maison a des succursales? Si oui, où? (page X)
6. Quels sont les services (départements) de l'entreprise? (page IX)
7. Avec qui est-elle en relations d'affaires?

4. Rédigez la réponse de la maison M. Berdot S.A.
(page 105 ←)

Les informateurs se réfèrent à la demande du 11 février et sont heureux de fournir les renseignements suivants: M. Jean Bouvier est entré dans leur entreprise il y a bientôt trois ans et ils ont toujours été très satisfaits de ses services. C'est un jeune homme consciencieux qui fait preuve d'initiative. Il travaille soigneusement et montre de la bonne volonté. Son caractère agréable le rend sympathique à tous. Les informateurs regrettent le départ de leur apprenti à la fin du mois d'avril. A leur avis, M. Bouvier est très qualifié pour la place proposée. Ils donnent ces renseignements sans garantie ni engagement.

Récapitulation
Employeurs et employés
(voir aussi page 91)

Mᴵᴵᵉ Anne Junod, habitant Paris, est une jeune employée de bureau. Comme elle désire changer de place, l'annonce suivante dans «Le Figaro» attire son attention:

Entreprise industrielle cherche jeune employée de commerce avec bonne formation, sens des responsabilités. Travail varié, bon salaire. Offres avec c. v. à Gaston Humbert S.A. 57, bd Haussmann, Paris VIIIᵉ

Mᴵᴵᵉ Junod décide de solliciter cet emploi.
Numérotez selon l'ordre chronologique les différentes phases ci-dessous:

.... Mademoiselle, Nous vous remercions de votre offre de service et vous invitons à vous présenter dans notre bureau n° 34 le 19 octobre, à 15 heures. Si cette date ne vous convient pas, veuillez nous en aviser... Gaston Humbert S.A.

.... Bonjour, monsieur. – Bonjour, mademoiselle. Je vous présente mes condoléances. – Merci, monsieur. – Vous avez sollicité la place vacante chez nous. Votre postulation nous a fait bonne impression...

.... Mademoiselle, Le 20 octobre, nous nous sommes mis d'accord sur les conditions d'engagement et votre future activité. Vous recevrez ci-joint le contrat de travail... Gaston Humbert S.A.

.... Messieurs, Me référant à votre annonce dans ..., je me permets de vous offrir mes services. Je travaille actuellement dans la branche... Vous trouverez ci-inclus mon curriculum vitae et des copies de certificats... Anne Junod

.... Messieurs, Je vous remercie de votre lettre. A la suite de l'enterrement de mon grand-père, il ne me sera malheureusement pas possible de me présenter... Je vous propose le 20 octobre à la même heure... Anne Junod

.... Messieurs, Je me suis présentée dans la maison Humbert S.A., 57, bd Haussmann, et je désire avoir des renseignements sur cette entreprise, surtout en ce qui concerne sa situation financière...

changer de place	die Stelle wechseln
postuler (solliciter) un emploi	sich um eine Stelle bewerben
numéroter selon l'ordre (m) chronologique	in chronologischer Reihenfolge numerieren
présenter ses condoléances (f) à qn	jdm. sein Beileid aussprechen
se mettre d'accord sur les conditions (f) d'engagement	über die Anstellungsbedingungen einig werden
un enterrement (enterrer)	eine Beerdigung (beerdigen)

Difficultés orthographiques (§ 49)

1. Abrégez (page VII)

1. Compagnie	4. numéro	7. courant	10. avenue
2. francs	5. Madame	8. premier juin	11. référence
3. kilogramme	6. téléphone	9. septième	12. Monsieur

2. Soulignez les lettres qui devraient être majuscules

1. A partir du mercredi 15 février, nos locaux se trouveront 23, place de la gare.
2. Cette entreprise exporte des montres suisses aux etats-unis.
3. Veuillez agréer, monsieur le président, nos salutations distinguées.
4. Les bureaux des chemins de fer fédéraux, rue de la poste 16, ont été transférés au 39, rue du lac.

3. Mettez un accent ou une cédille si nécessaire (§ 44–47)

1. excellent	5. couter	9. systeme	13. interet
2. mecanicien	6. commercant	10. remercier	14. esperer
3. semestre	7. respecter	11. electrique	15. responsable
4. progres	8. execution	12. necessaire	16. interessant

4. Mettez un trait d'union si nécessaire

1. ci joint	4. prix courant	7. tout à fait	10. cet article ci
2. tout de suite	5. vingt cinq	8. est ce que	11. veuillez me dire
3. dites le nous	6. demi heure	9. nous mêmes	12. a t il écrit?

5. Traduisez en mettant l'article défini

1. Drogerie	4. Spezialist	7. Objekt	10. Gewicht
2. Schalter	5. Typ	8. Kontrakt	11. Sprachkurs
3. Länge	6. Text	9. Konflikt	12. Postpaket

6. Formez le substantif en mettant l'article indéfini

1. expliquer	4. envoyer	7. attendre	10. oublier
2. fabriquer	5. employer	8. perdre	11. soucier
3. indiquer	6. ennuyer	9. descendre	12. plier

7. Terminaison -ance ou -ence?

1. confi__nce	4. conséqu__nce	7. ess__nce	10. éché__nce
2. cré__nce	5. connaiss__nce	8. référ__nce	11. concurr__nce
3. expéri__nce	6. prud__nce	9. assur__nce	12. correspond__nce

8. Traduisez en mettant l'article indéfini

1. Irrtum	5. Annullation	9. Assistent	13. Charakter
2. Grösse	6. Kontrolle	10. Kamerad	14. Personal
3. Farbe	7. Gruppe	11. Tendenz	15. Komfort
4. Gunst	8. Rolle	12. Korrespondent	16. Advokat

9. Terminaison -ant ou -ent?

1. import__nt	4. élég__nt	7. brill__nt	10. intellig__nt
2. urg__nt	5. excell__nt	8. const__nt	11. prés__nt
3. perman__nt	6. abs__nt	9. pati__nt	12. prud__nt

10. Traduisez en mettant l'article défini

1. Tabak	4. Motiv	7. Schokolade	10. Krawatte
2. Horizont	5. Massiv	8. Fabrikant	11. Nummer
3. Gas	6. Infinitiv	9. Lokal	12. Billett

11. Accordez si nécessaire

1. Cette machine est (cher). – Elle coûte (cher).
2. Voici des prix (net). – La facture est payable (net).
3. La caisse pèse (lourd). – Elle est (lourd).

12. Traduisez

1. ein professioneller Rapport
2. ein sensationeller Preis
3. eine rationelle Arbeit
4. ein traditionelles Fest
5. ein exklusives Modell
6. ein definitives Projekt
7. ein positives Resultat
8. eine aktive Angestellte

13. Accordez «leur» si nécessaire

1. Quelques-uns de nos directeurs sont à l'étranger. (Leur) retour est prévu pour le 20 mars. Ils reprendront immédiatement (leur) affaires. On (leur) rapportera ce qui s'est passé pendant (leur) absence.
2. Nous avons de nombreux clients à l'étranger. Nous (leur) livrons des appareils de haute qualité. Voici (leur) adresses:...

Précis de grammaire relatif
aux communications commerciales

§1 Die Mehrzahl des Substantivs

Endung -s gleiche Endung	la lettre le colis le prix	– les lettres – les colis – les prix	Substantive auf -ou: les trous
Endung -x	le jeu le bureau	– les jeux – les bureaux	les sous
Endung -aux unregelmässig	le journal un œil le travail le pneu	– les journaux – les yeux – les travaux – les pneus	aber: les bijoux les genoux

§2 Die Mehrzahl des zusammengesetzten Substantivs

zwei Substantive Vorwortergänzung Adjektiv+Substantiv Adverb+Substantiv Verb+Substantiv	la machine-outil le chemin de fer le coffre-fort le haut-parleur le lave-vaisselle	– les machines-outils – les chemins de fer – les coffres-forts – les haut-parleurs – les lave-vaisselle

Nur Substantive und Adjektive sind veränderlich, wenn es der Sinn verlangt.

§3 Die Vorwörter vor Ländernamen

a) wo? wohin?	b) woher?	
être **en** France exporter **au** Portugal aller **aux** Etats-Unis	arriver **de** France importer **du** Portugal venir **des** Etats-Unis	weiblich männlich Mehrzahl

Aber man sagt: partir **pour** la France, **pour** le Portugal, **pour** les Etats-Unis

§4 Teilungsartikel und partitives «de»

a) Teilungsartikel			b) Partitives «de»		
unbestimmte Menge	**du**	fromage	bestimmte Menge	une livre	**de** fromage
	de l'	eau		un litre	**d'** eau
	de la	viande		un morceau	**de** viande
	des	fruits		un kilo	**de** fruits
Verneinung als Gegensatz	ce n'est pas **du** café, c'est du thé		Verneinung als Menge	il ne boit pas **de** café	
vorgestelltes Adj. Singular	c'est **du** bon travail		vorgestelltes Adj. Plural	**de** bons clients	

§5 Das weibliche Substantiv und das weibliche Adjektiv

	männlich		weiblich	
Endung	**Substantiv**	**Adjektiv**	**Substantiv**	**Adjektiv**
Endung -e	un employé	exact	une employée	exacte
	le voisin	américain	la voisine	américaine
gleiche Form	un secrétaire	capable	une secrétaire	capable
Verdoppelung	le patron	actuel	la patron**ne**	actuel**le**
(i)er – (i)ère	un ouvrier	étranger	une ouvri**ère**	étrang**ère**
teur – trice	un directeur	créateur	une direc**trice**	créa**trice**
f – ve	un veuf	actif	une veu**ve**	acti**ve**
eur – euse	un vendeur	travailleur	une vend**euse**	travaill**euse**
x – se	un époux	heureux	une épou**se**	heureuse
et – ète		discret		dis**crète**

§6 Die Stellung des Adjektivs

a) vor dem Substantiv	b) nach dem Substantiv	
kurze und häufige Adjektive	die meisten Adjektive, besonders	
un bon (mauvais) apprenti	Farben:	une jupe bleue
un grand (petit) garçon	Formen:	une table carrée
un beau (vilain) temps	Nationalität:	la langue française
un jeune (vieux) camarade	Religion:	une famille catholique
un long (bref) délai	mehrsilbiges Wort:	une qualité exceptionnelle
un joli chalet	verbales Adjektiv:	une histoire amusante
un cher ami		
un gros chien		

§7 Die unregelmässige Mehrzahl des Adjektivs

a) Adjektive auf -eau un nouveau bureau	de nouveaux bureaux	Endung -x
b) Adjektive auf -al le magasin principal la lettre commerciale	les magasins princip**aux** les letttres commerciales	männlich weiblich

Die männlichen Adjektive auf -al bilden die Mehrzahl auf -aux.

§8 Die Steigerung des Adjektivs und des Adverbs

a) Das Adjektiv ist veränderlich

regelmässig	**unregelmässig**
grand(e)	bon(ne)
plus (moins) grand(e)	meilleur(e)
le (la) plus (moins) grand(e)	le (la) meilleur(e)

Ausnahme: une étoffe bon marché, une étoffe meilleur marché

b) Das Adverb ist unveränderlich (§37b)

regelmässig	**unregelmässig**		
vite	bien (§37b)	beaucoup	peu
plus (moins) vite	mieux	plus	moins
le plus (moins) vite	**le** mieux	**le** plus	**le** moins

§9 Der unechte Vergleich im Deutschen

eine grössere Bestellung	une commande importante
ein neueres Hotel	un nouvel hôtel
eine längere Frist	un délai assez long
ein jüngerer Angestellter	un jeune employé
ein älterer Herr	un monsieur d'un certain âge
die besseren Qualitäten	les qualités supérieures

Im Französischen darf man den zweiten Steigerungsgrad (Komparativ) ohne Vergleichsgegenstand nicht verwenden.

§10 Das hinweisende (demonstrative) Adjektiv

ce matin heute morgen	**cet** envoi diese Sendung	**cette** année dieses Jahr	**ces** derniers temps in letzter Zeit

Man verwendet die Bindeform **cet** vor einem männlichen Hauptwort in der Einzahl, das mit einem Selbstlaut oder mit einem stummen h beginnt.

§11 Das hinweisende Fürwort (Demonstrativpronomen)

| singulier | masculin
féminin | Le prix n'est pas **celui** de l'offre.
La qualité n'est pas **celle** de l'offre. |
| pluriel | masculin
féminin | Les prix ne sont pas **ceux** de l'offre.
Les conditions ne sont pas **celles** de l'offre. |

§12 Das bezügliche Fürwort (Relativpronomen)

Nominativ Werfall	Genitiv Wesfall	Dativ Wemfall	Akkusativ Wenfall	mit Präposition mit Vorwort
qui (ce qui)	**dont** Person: **de qui**	**auquel** (à laquelle) Person: **à qui**	**que** (ce que)	**pour lequel** (pour laquelle) Person: **pour qui**

§13 Die Pronominaladverbien «y» und «en»

a) «En» ersetzt einen Ausdruck mit «de» (§ 26 a) oder ein unbestimmtes Substantiv:

Avez-vous besoin **de cet article?**   – Oui, j'**en** ai besoin.
Avez-vous **un prospectus?**   – Non, je n'**en** ai pas.

b) «Y» ersetzt einen Ausdruck mit «à» oder eine Ortsbestimmung (vergleiche §26 b):

Avez-vous répondu **à la lettre?**   – Oui, j'**y** ai répondu.
Votre voiture est **dans le garage?**   – Non, elle n'**y** est pas.

§14 Das Futur und das Conditionnel

a) Man bildet das Futur mit dem Infinitiv und den Endungen -ai, -as, -a, -ons, -ez, -ont. Man beachte folgende Sonderformen:

j'achèterai	j'emploierai	j'irai	je tiendrai
j'appellerai	j'enverrai	je pourrai	je verrai
j'aurai	il faudra	je serai	je viendrai
je courrai	je ferai	je saurai	je voudrai

b) Man bildet das Conditionnel mit dem Futurstamm und den Endungen des Imparfait: -ais, -ais, -ait, -ions, -iez, -aient (§17 b).

§15 Das Futur antérieur und das Conditionnel passé

a) Le futur antérieur

avoir être	im Futur und Part. passé des Hauptverbs:	demain	j'aurai fini je serai parti(e)

b) Le conditionnel passé (§17 b)

avoir être	im Conditionnel und Part. passé des Hauptverbs:	j'aurais fini je serais parti(e) j'aurais dû partir

§16 Die Leideform (Das Passiv)

a) Die Bildung des Passivsatzes

Aktiv: Monsieur Blanc m'a   donné   votre adresse.
Passiv: Votre adresse   m'a **été** donné**e par** Monsieur Blanc.

Man bildet die Leideform mit «être» (Deutsch: werden).
Das Participe passé richtet sich nach dem Subjekt (§ 20 b).
Die Ergänzung des aktiven Satzes wird Satzgegenstand des passiven.
Die handelnde Person wird meist mit «par» angeschlossen.

b) Ersatzkonstruktion

Ce modèle ne **se fabrique** plus (rückbezügliches Verb)
Dieses Modell wird nicht mehr hergestellt (Deutsch: Passiv)

§17 Der Bedingungssatz

a) Erfüllbare Bedingung (§ 35 c)	Si votre offre me **convient,** je vous **passerai** une forte commande.	présent futur (§ 14 a)
b) Unerfüllbare Bedingung	Si j'**acceptais** votre proposition, je **travaillerais** à perte.	imparfait conditionnel (§ 14 b)
Vergangenheitsstufe	Si je n'**avais** pas **subi** de pertes, j'**aurais réglé** la facture à temps.	plus-que-parfait cond. passé (§ 15 b)

§18 Dankbar sein (zu Dank verpflichten)

être obligé à qn de faire qch.; obliger quelqu'un

Wir wären Ihnen dankbar, wenn Sie uns den Betrag umgehend überweisen würden.	Nous vous serions obligés **de** nous **verser** le montant sans tarder. Vous nous obligeriez **en** nous **versant** le montant sans tarder. Vous nous obligeriez par un prompt versement. Un prompt versement de votre part nous obligerait.

Die Bedingung kann in gewissen Fällen durch die Grundform oder den Gérondif ausgedrückt werden (vergl. § 35 c).

§19 Die vier Fragetypen

Steigende Betonung	Mit «est-ce que»	Einfache Umstellung	Komplexe Frage
Le bureau est grand?	**Est-ce que** le bureau est grand?	**Est-il** grand?	Le bureau **est-il** grand?
vorwiegend gesprochen	gesprochen und geschrieben	vorwiegend geschrieben	nur geschrieben gepflegter Stil

Bei der komplexen Frage ist das Subjekt ein Substantiv. Es steht vor dem Verb und wird nach dem Verb als Pronomen wiederholt.

§20 Die drei Participe passé-Regeln

Participe passé	Beispiel	Regel und Angleichung
a) ohne Hilfsverb (Adjektiv)	une lettre recommandée	veränderlich; Bezugswort: Substantiv (§ 22 b)
b) mit «être» verbunden*	la lettre est partie	veränderlich; Bezugswort: Subjekt (§ 16 a)
c) mit «avoir» verbunden	elle a écrit une lettre	unveränderlich; Ausnahmen siehe § 21

* Faustregel: Das Participe passé des rückbezüglichen Verbs richtet sich zwar in Zahl und Geschlecht nach einer vorangehenden Ergänzung im Wenfall, verhält sich aber in den meisten Fällen so, als ob es nach der «être»-Regel ginge.

§21 Das veränderliche Participe passé verbunden mit «avoir» (§ 20 c)

a) La livraison **nous** a satisfaits.	**Wen** hat die L. zufriedengestellt? Personalpronomen «nous» ist Akkusativ (complément direct)
b) Voilà la livraison **que** nous avons reçue.	**Wen** oder **was** haben wir erhalten? Relativpronomen «que» ist Akkusativ (complément direct)
c) **Quelle livraison** avons-nous reçue?	**Wen** oder **was** haben wir erhalten? Frageausdruck ist Akkusativ (complément direct)

Das Participe passé verbunden mit «avoir» richtet sich in Zahl und Geschlecht nach einer **vorangehenden** Ergänzung im Wenfall (Akkusativobjekt).

§22 Ci-joint, ci-inclus, ci-annexé (als Beilage)

a) **vorgestellt** unveränderlich (= Präposition)	Nous vous envoyons ci-joint la facture. Nous vous adressons ci-inclus la copie. Nous vous remettons ci-annexé la liste.
b) **nachgestellt** veränderlich (= Adjektiv, § 20 a)	La facture ci-jointe est déjà payée. La copie ci-incluse vous est destinée. La liste ci-annexée contient tous les détails.
«Als Beilage» kann auch mit «sous ce pli» oder «en annexe» übersetzt werden.	

§23 Die wichtigsten Verben mit «de» und «à» gefolgt vom Infinitiv

a) Infinitiv mit «de» anschliessen		**b) Infinitiv mit «à» anschliessen**	
accepter de	offrir de	aider qn à	s'habituer à
conseiller de	oublier de	apprendre à	hésiter à
décider de	prier de (§ 27)	arriver à	inviter à
s'efforcer de	proposer de	chercher à	se préparer à
défendre de	recommander de	commencer à	se refuser à
empêcher de	refuser de	se décider à	réussir à
finir de	regretter de	engager à	tenir à
manquer de	risquer de		
être capable de	être en mesure de	être décidé à	être prêt à

§24 Der reine Infinitiv

Abweichend vom Deutschen wird die Präposition «zu» nach folgenden Verben nicht übersetzt:				
aimer	croire	espérer	préférer	paraître
compter	désirer	penser	il vaut mieux	sembler

§25 Aufmerksam machen

attirer l'attention de qn sur qch.; rendre qn attentif à qch.; signaler qch. à qn	
Wir machen Sie auf eine neue Preiserhöhung aufmerksam:	Nous attirons votre attention **sur** une nouvelle hausse de prix (§13 b). Nous vous rendons attentif **à** une nouvelle hausse de prix (§13 b). Nous vous signalons une nouvelle hausse de prix.

§26 Das Verb und sein Objekt

a) Objekt mit «de» anschliessen		b) Objekt mit «à» anschliessen	
s'agir de	féliciter de	s'adresser à	penser à
bénéficier de	jouir de	s'attendre à	se préparer à
avoir besoin de	manquer de	commander à	se rapporter à
charger de	s'occuper de	correspondre à	se référer à
créditer de (§28)	se plaindre de	se décider à	réfléchir à
débiter de (§28)	profiter de	s'inscrire à	remédier à
discuter de	remercier de	s'intéresser à	renoncer à
disposer de	souffrir de	inviter à	répondre à
s'excuser de	se souvenir de	parler à	tenir à
être content de	être satisfait de	être conforme à	être inférieur à
être responsable de	être surchargé de	être destiné à	être supérieur à
«En» ersetzt eine Ergänzung mit «de» (§13 a), im Relativsatz «dont» (§12).		«Y» ersetzt eine Ergänzung mit «à» (§13 b), im Relativsatz «auquel» (§12).	

§27 Jemanden bitten (prier qn de faire qch.)

Ich bitte Sie um Zusendung Ihres Katalogs.	Je vous prie de m'**envoyer (adresser, faire parvenir)** votre catalogue.
Wir bitten Sie um Auskunft über diesen Kaufmann.	Nous vous prions de nous **renseigner** sur ce commerçant.
Auf das Verb «prier» muss die Präposition «de» und ein Verb in der Grundform folgen. – «Bitten» kann auch mit «demander qch. à qn» übersetzt werden, z. B. Permettez-nous de vous demander des renseignements sur ce commerçant.	

§28 Gutschreiben und belasten

créditer (débiter) quelqu'un **d'une** somme	jemandem eine Summe gutschreiben (belasten)
créditer (débiter) un compte **d'une** somme	einem Konto eine Summe gutschreiben (belasten)
(Fr. 360.–) Je vous **en** débite (§ 13 a).	(Fr. 360.–) Ich belaste Sie damit.
La somme **dont** je vous ai crédité s'élève à fr. 210.– (§ 12).	Die Summe, die ich Ihnen gutgeschrieben habe, beläuft sich auf Fr. 210.–.

§29 Das unpersönliche Verb

Eine Anzahl Verben sind im Deutschen unpersönlich, im Französischen jedoch persönlich:	
Nous regrettons vivement.	**Es** tut uns sehr leid.
Nous avons réussi à le persuader.	**Es** ist uns gelungen, ihn zu überreden.
Nous manquons de matières premières.	**Es** fehlt uns an Rohstoffen.
Nous sommes heureux de vous servir.	**Es** freut uns, Sie zu bedienen.
Nous tenons à vous satisfaire.	**Es** liegt uns daran, Sie zufriedenzustellen.

§30 Die Bildung des Subjonctif (Die Anwendung siehe § 31)

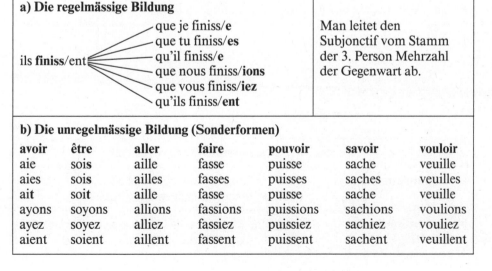

a) Die regelmässige Bildung

ils **finiss**/ent

que je finiss/**e**
que tu finiss/**es**
qu'il finiss/**e**
que nous finiss/**ions**
que vous finiss/**iez**
qu'ils finiss/**ent**

Man leitet den Subjonctif vom Stamm der 3. Person Mehrzahl der Gegenwart ab.

b) Die unregelmässige Bildung (Sonderformen)

avoir	être	aller	faire	pouvoir	savoir	vouloir
aie	sois	aille	fasse	puisse	sache	veuille
aies	sois	ailles	fasses	puisses	saches	veuilles
ait	soit	aille	fasse	puisse	sache	veuille
ayons	soyons	allions	fassions	puissions	sachions	voulions
ayez	soyez	alliez	fassiez	puissiez	sachiez	vouliez
aient	soient	aillent	fassent	puissent	sachent	veuillent

§31 Die Anwendung des Subjonctif (Die Bildung siehe §30)

> **a) Willensäusserung:** Wille, Wunsch, Erlaubnis, Verbot usw.
> vouloir, il faut, désirer, préférer, permettre, défendre, etc.

> **b) Ausdruck des Gefühls:** Zweifel, Bedauern, Überraschung, Freude, Zufrieden-
> heit, Angst usw.
> douter, regretter, être surpris, être heureux, craindre, se plaindre, etc.

> **c) Nach gewissen Bindewörtern:** Absicht, Erwartung, Einschränkung
> pour que, jusqu'à ce que, sans que, avant que, bien que, etc.

> **d) In Relativsätzen mit Wunsch oder Absicht:**
> Nous cherchons un employé qui **sache** bien l'anglais.

> **e) Nach einem Superlativ:**
> C'est la meilleure qualité que vous **puissiez** trouver.

> Aber **kein** Subjonctif nach den Verben espérer, penser, croire, supposer in der be-
> jahenden Form. Nach «espérer» meist Futur.

§32 Grundform statt Subjonctif

> Wenn Haupt- und Nebensatz das gleiche Subjekt haben, wird der Subjonctif
> durch die Grundform ersetzt. Man sagt also **nicht:**
> **Je** regrette que **je** ne **puisse** pas régler votre facture à temps, sondern
> Je regrette **de** ne pas **pouvoir** régler votre facture à temps.

§33 Das Participe présent als Verb

Es gehört der Schriftsprache an und ist **unveränderlich.** Es ersetzt:	
a) einen Relativsatz	Où est la facture **qui concerne** cet envoi? Où est la facture **concernant** cet envoi?
b) einen begründenden Nebensatz	**Comme** je suis malade, je ne vais pas travailler. **Etant** malade, je ne vais pas travailler.

§34 Wie übersetzt man «betreffend»?

Betrifft Ihre Rechnung vom 3. Mai	**Concerne** votre facture du 3 mai
Die Rechnung **betreffend** Ihre Sendung vom 3. Mai…	La facture **concernant** (unveränderlich) votre envoi du 3 mai… (§ 33 a) La facture **relative à** (veränderlich) votre envoi du 3 mai…
Was Ihre Rechnung vom 3. Mai **betrifft**… (Satzanfang)	**En ce qui concerne** votre facture du 3 mai… **Quant à** votre facture du 3 mai…
Die **betreffende** Rechnung ist bezahlt (adjektivisch).	La facture **en question** est payée. **Ladite** facture est payée. La facture **mentionnée** est payée.

§35 Der Gérondif (Das Gerundium)

a) Gelegenheit	Quand j'ai vérifié la facture, j'ai constaté une erreur. **En vérifiant** la facture, j'ai constaté une erreur.
b) Gleichzeitig- keit (§36)	Mon collègue est entré **et** il m'a salué. Mon collègue est entré **en** me **saluant.**
c) Bedingung (§36)	Si vous payez comptant, vous recevrez 2% d'escompte. **En payant** comptant, vous recevrez 2% d'escompte.

§36 Übereinstimmung beachten beim Gérondif

Falsch:	En attendant votre réponse, (Subjekt: **je)** veuillez agréer, Monsieur, mes salutations distinguées. (Subjekt: **vous)**
Richtig:	En attendant votre réponse, (Subjekt: **je)** **je** vous présente, Monsieur, mes salutations distinguées. **je** vous prie d'agréer, Monsieur, mes salutations distinguées.
	Der Gérondif darf nur verwendet werden, wenn Haupt- und Nebensatz das gleiche Subjekt haben.

§37 Das Adverb (Umstandswort)

a) Regelmässig	Adjektiv	Adverb
weibl. Adjektiv (§ 5) + Endung «ment»	à mon vif regret	regretter vive**ment**

b) Unregelmässig		
Adjektiv endet auf «u» oder «i»	une nécessité absolue une vendeuse polie	c'est absolu**ment** faux saluer poli**ment**
Endung -ant → amment -ent → emment	l'eau courante une réponse prudente	parler cour**amment** répondre prud**emment**
stummes e → betontes e	un travail énorme	travailler énor**mément**
bon → bien meilleur → mieux mauvais → mal	un bon apprenti un meilleur apprenti un mauvais apprenti	travailler **bien** (§ 8 b) travailler **mieux** travailler **mal**

§38 Die Formen der Verneinung

ne … pas	nicht	ne … personne	niemand	ne … plus	nicht mehr
ne … rien	nichts	ne … jamais	nie	ne … que	nur, erst

Ce voyage **ne** coûte **que** fr. 80.–. Georgette **ne** partira **que** demain.	Diese Reise kostet **nur** Fr. 80.–. Georgette verreist **erst** morgen.

§39 Das Gegenteil

a) Vorsilben		b) Anderes Wort	
complet	– **in**complet	supérieur	– inférieur
prudent	– **im**prudent	propre	– sale
réparable	– **ir**réparable	lourd	– léger
content	– **mé**content	privé	– public
heureux	– **mal**heureux	sec	– mouillé
favorable	– **dé**favorable	bon marché	– cher
normal	– **a**normal	riche	– pauvre

§40 Die Präpositionen (Vorwörter)

auf	aus	bis
à la poste	**en** métal	cinq **à** six kilomètres
de ce côté	boire **dans** un verre	du matin **au** soir
de cette façon	**pour** quelle raison?	jusqu'**à** demain
à la campagne		
en voyage	**bei**	**gegen**
à la gare	à cette occasion	**contre** la concurrence
en allemand	**chez** mon ami	(feindlich)
dans la rue	**près de** Genève	**vers** la fenêtre
travailler **à** son compte	**par** beau temps	(Richtung)
	dans un accident	poli **envers** les clients
in	à mon retour	(freundlich)
en septembre	avoir de l'argent **sur** soi	
au mois de mars		**vor**
au printemps	**mit**	**devant** la porte (örtlich)
en été	**par** la poste	**avant** midi (zeitlich)
par mois	voyager **en** train	il y a 20 ans (vergangen)
à l'étranger	**par** courrier séparé	
dans 2 ans (Ablauf)		**unter**
en 8 jours (innerhalb)	**nach**	**dans** ces conditions
dans les 8 jours	à mon avis	**sous** la table
(innert, binnen)	la route **de** Berne	**parmi** la foule (Menge)
à bref délai	écrire **sous** dictée	**entre** quatre yeux
à nos frais		
dans le plus bref délai		

§41 Können

Savoir: gelernt haben, verstehen, kennen, wissen
Je **sais** un peu l'espagnol, parce que je l'ai appris pendant mes vacances.

Pouvoir: ausführen, anwenden, äussere Umstände
Je ne **peux** pas l'écrire sans dictionnaire, car je n'ai jamais pris de leçons.

§42 Die unmittelbare Vergangenheit und Zukunft

a) Die unmittelbare Vergangenheit	b) Die unmittelbare Zukunft
venir de faire qch.	aller faire qch.
Je **viens de commencer** mon travail.	Je **vais servir** le premier client.
Ich habe **soeben** meine Arbeit begonnen.	Ich bediene **sogleich** den ersten Kunden.

§43 Die Silbentrennung

Die Silbentrennung ist nicht nur am Zeilenende von Bedeutung, sondern auch für die richtige Anwendung der Akzente (§ 44 und 45).

Man trennt die Wörter nach Sprechsilben. Beim Schreiben trennt man jedoch einzelne Buchstaben und tonlose Endsilben nicht ab: école, église, énorme etc.

a) Ein einfacher Konsonant (Mitlaut) kommt zur folgenden Silbe.	ca-ta-logue ra-pi-de-ment voi-ture sa-me-di
b) Von zwei Konsonanten kommt der zweite zur folgenden Silbe. Abweichend vom Deutschen wird **st** getrennt.	ob-ser-ver ven-deur com-merce con-nais-sance cos-tume pro-tes-ter
c) Von drei Konsonanten kommt der dritte zur folgenden Silbe.	ins-tal-ler trans-por-ter comp-ter ins-pi-rer
d) **Nicht** trennen: Die Konsonantenverbindungen **ch, ph, th** und **gn,** da sie nur **einen** Laut darstellen.	ra-**ch**e-ter mé-**th**ode si-**gn**al té-lé-**ph**one
e) Konsonanten, denen ein **l** oder **r** folgt (wie in deutschen Fremdwörtern).	di-**pl**ôme élec-**tr**ique rè-**gle**-ment fé-**vr**ier dé-**cla**-ra-tion nom-**br**eux
f) Vor **x** oder **y** zwischen zwei Vokalen (Selbstlauten).	fixer an-nexe crayon payer aber: tex-tile pay-san

§44 Der scharfe Akzent (accent aigu)

a) Das e mit **Accent aigu** ist am Silbenende **geschlossen,** wie deutsch «See».	ré-gion sé-rie gé-né-ral
b) Also setzt man **keinen** Akzent, wenn e am Silbenende tonlos bleibt.	re-fu-ser ven-dre-di re-la-tion
e ist in der Silbe eingeschlossen	tech-nique ac-**c**ep-ter
am Wortanfang bei geschlossener Silbe (auf Mitlaut endend)	ff: e**f**-fet sc: es-ca-lier rr: e**r**-reur sp: es-poir ss: es-sai st: es-ti-mer
vor x (= kz) auch nicht trennen, siehe § 43	exa-men an-ne**x**e exact

§45 Der schwere Akzent (accent grave)

a) Das e mit **Accent grave** ist am Silbenende **offen,** wie deutsch «Bär».	chè-que mo-dè-le mè-tre (Beim Schreiben tonlose Endsilben nicht abtrennen, § 43)
b) Man setzt den **Accent grave** auf betonter Silbe **ès** am Wortende.	très ex-près suc-cès
c) zur Unterscheidung sonst gleich geschriebener Wörter	il **a** la clé oui **ou** non? **à** moi **là**-bas **où** vas-tu?
d) **Keinen Accent grave** haben	presque cela hier pierre

§46 Der gebrochene Akzent oder das Dächlein (accent circonflexe)

a) Er kann auf allen Vokalen vorkommen und ersetzt meistens ein früheres **s**.	Bâle fête maître dépôt août
Man setzt ihn zur Unterscheidung sonst gleich geschriebener Wörter.	sur (auf) du (Vorwort) sûr (sicher) dû (p. p. devoir) le mur (Mauer) la tache (Flecken) mûr (reif) la tâche (Pflicht)
b) **Keinen Accent circonflexe** haben	chalet bateau achat fiche

§47 Das Häkchen (cédille)

Mit einem **Cédille** wird das **c** als stimmloses **s** ausgesprochen.	vor **a**: français vor **o**: garçon vor **u**: reçu
Merkreim	Cédille ja vor **o, u, a,** Cédille nie vor **e** und **i.**

§48 Die Trennpunkte (tréma)

Der mit einem **Tréma** bezeichnete Laut ist vom vorangehenden getrennt auszusprechen.	mosaïque maïs Zaïre	naïf Noël Israël	égoïste Citroën Hawaï

§49 Schwierigkeiten der Rechtschreibung (Abweichungen vom Deutschen)

a)	**Ein** Konsonant	le contrôle la cravate contrôler	une annulation une étape annuler	le groupe le rôle grouper
b)	**Kein c in der letzten Silbe**	le conflit le contrat	le sujet le projet	un objet un effet
c)	**Endung f** (männliche Form)	le motif positif négatif	le substantif définitif exclusif	le massif actif passif
d)	**Zwei n**	un actionnaire stationner	le fonctionnaire fonctionner	le pensionnaire perfectionner
e)	**Zwei n** **ein l** (mask.)	professionnel confessionnel	sensationnel personnel	traditionnel rationnel
f)	**Endung e**	le touriste le type le monopole la poste anonyme	le texte la température le programme le magazine moderne	le système le modèle le spécialiste la culture solide
g)	**Buchstabe a**	un assistant la tendance	la corres- pondance le camarade	le correspondant un étudiant
h)	**Andere Endung**	le tabac	le gaz	un horizon
i)	**Ein** Endungs-l (männliche Form)	individuel actuel réel	officiel éventuel universel	manuel culturel visuel
k)	**Verschiedene** **Abweichungen**	le fabricant un avocat confortable	le confort un abricot mécanique	le caractère le wagon complet

Vocabulaire français-allemand

A

abîmer	beschädigen
abonné m.	Abonnent
abonner: s'... à	abonnieren
abréger	abkürzen
abréviation f.	Abkürzung
absence f.	Abwesenheit, Fehlen
absent(e)	abwesend
absolu(ment)	streng, unbedingt
accepter	annehmen, einverstanden sein
accessoires m. pl.	Zubehörteile
accident m.	Unfall
accomplir	erfüllen
accord: d'...	einverstanden
se mettre d'...	einig werden
accord m.	Übereinstimmung
accorder	gewähren, angleichen
accréditif m.	Akkreditiv
accueillir	empfangen, aufnehmen
accusé m. de réception	Empfangsbestätigung
accuser réception f. de	den Empfang bestätigen
achat m.	Einkauf
acheteur m. (-euse f.)	Käufer(in)
acier m.	Stahl
acompte m.	Anzahlung, Teilzahlung
acquérir	erwerben, anschaffen
acquisition f.	Erwerb. Anschaffung
acquitter	quittieren, bezahlen
actif(ve)	rührig, tätig, strebsam
action f.	Aktie, Handlung
activité f.	Tätigkeit
actuel(le)	heutig, gegenwärtig
actuellement	heutzutage
administratif(ve)	Verwaltungs-
administration f.	Verwaltung
adopter	annehmen, übernehmen
adresse f.	Adresse, Geschicklichkeit
adresser	senden, schicken
s'... à	sich wenden an
aérien(ne)	Flug-, Luft-
aéroport m.	Flughafen
affaire f.	Geschäft, Angelegenheit
afin que (afin de)	damit
affiche f.	Plakat
affirmatif(ve)	bejahend
affranchir	frankieren
agence f.	Agentur
...de publicité	Werbeagentur
...de renseignements	Auskunftei, Auskunftsbüro
agent m.	Agent, Beamter
agir: s'... de	sich handeln um
agrandir	erweitern, vergrössern
agrandissement m.	Vergrösserung
agréable: être ... à qn	jdm. entgegenkommen
agréer	genehmigen
aide f.: à l'... de	mittels
ailleurs	anderswo
d'ailleurs	übrigens
aimable	liebenswürdig
aimer mieux faire qch.	lieber etwas tun
ainsi	so, auf diese Weise
ainsi que	sowie
air m.	Luft, Aussehen
ajouter	hinzufügen
alémanique	alemannisch
alimentation f.	Nahrungsmittel
alinéa m.	Absatz, Abschnitt
aller, s'en ...	gehen, fortgehen
il va de soi que	selbstverständlich
il va sans dire que	selbstverständlich
amabilité f.	Liebenswürdigkeit
ambiance f.	Atmosphäre
... de travail	Arbeitsklima
améliorer	verbessern
américain(e)	amerikanisch
amortissement m.	Amortisation, Tilgung
amusant(e)	lustig
analogue	ähnlich
ancien(ne)	früher, ehemalig
anglais(e)	englisch
annexe f.	Beilage
annexer	beilegen
annonce f.	Inserat, Anzeige
annoncer	avisieren, anmelden
s'annoncer	sich (an)melden
annuel(le)	jährlich
annuler	widerrufen, aufheben
annulation f.	Widerruf, Annullation
anonyme	namenlos, ungenannt
anticipé(e)	Voraus-
août m.	August
apercevoir: s'... de	feststellen, bemerken
apparaître	erscheinen
appareil m.	Apparat
appartenir à	gehören, zustehen

appel m.	Anruf, Aufruf
apporter	bringen
… ses soins à	seine Sorgfalt verwenden auf
apprécier	schätzen
apprendre	erfahren, vernehmen, lernen
apprenti(e) m. (f.)	Lehrling (Lehrtochter)
apprentissage m.	Lehre
faire un …	eine Lehre absolvieren
approcher, s'…	nahen, s. nähern
approfondi	vertieft, gründlich
approfondir	vertiefen
approximatif(ve)	ungefähr, zirka
aptitude f.	Fähigkeit
architecte m.	Architekt
archives f. pl.	Archiv
arènes f. pl.	Amphitheater
argent m.	Geld, Silber
arrangement m.	Vergleich, Abkommen
arranger s'…	sich einrichten
arrêter	anhalten
artisan m.	Handwerker
arrivée f.	Ankunft
assiette f.	Teller
assistant m.	Helfer, Assistent
assister à	beiwohnen
associé m.	Teilhaber
association f.	Verband, Vereinigung
asseoir s'…	sich setzen
assortiment m.	Auswahl, Sortiment
assurance f.	Versicherung
assurer	versichern
astronaute m.	Astronaut
atelier m.	Werkstatt
atteindre	erreichen
attendre	warten
s'… à	sich gefasst machen auf
attente f.	Erwartung
attentif(ve)	aufmerksam
rendre … à	aufmerksam machen auf
attention f.	Aufmerksamkeit
attirer l'… sur	aufmerksam machen auf
attester	bestätigen
attestation f.	Bestätigung, Zeugnis
attirer	anziehen
aucun(e) … ne	kein
augmentation f.	Erhöhung
augmenter	erhöhen
auprès de	bei
autant	ebensosehr
autorisation f.	Ermächtigung
autoriser à	ermächtigen zu
autorité f.	Behörde, Autorität

autoroute f.	Autobahn
autrefois	früher
auxiliaire	Hilfs-
avance f.	Vorschuss
d'…; par …	zum voraus
avancement m.	Beförderung
avancer	vorwärtskommen
avantage m.	Vorteil
avantageux(se)	vorteilhaft
avant-hier	vorgestern
avarie f.	Schaden
avenir m.	Zukunft
à l'…	in Zukunft
avis m.	Ansicht, Meinung
à mon …	nach meiner Ansicht
… d'expédition m.	Versandanzeige
… de paiement m.	Zahlungsanzeige
aviser	benachrichtigen
avocat m.	Anwalt, Fürsprecher
avoir besoin de	benötigen
… lieu	stattfinden

B

baisse f.	Sinken
baisser	senken, sinken
bancaire	Bank-
banlieue f.	Vorort, nähere Umgebung
banque f.	Bank
bas(se)	tief
base f.	Grundlage, Basis
bateau m.	Schiff
bâtiment m.	Gebäude
bénéfice m.	Gewinn
besoin m.	Bedarf
avoir … de	benötigen
bien que + subjonctif	obschon
bien vouloir faire qch.	freundlicherweise etwas tun
bienvenu(e)	willkommen
souhaiter la bienvenue à qn	willkommen heissen
bilan m.	Bilanz
bilingue	zweisprachig
billet m.	Fahrkarte, Billett
bijou m.	Schmuck, Juwel
bijouterie f.	Juwelierladen
biologique	biologisch
boisson f.	Getränk
boîte f.	Büchse, Firma, «Bude»
… postale	Postfach
bon m.	Gutschein

bon marché (invariable!)	billig	carrière f.	Laufbahn, Karriere
bonifier	vergüten	carte postale f.	Postkarte
boulanger m., ère f.	Bäcker, -in	… illustrée f.	Ansichtskarte
boulot m. (fam.)	Arbeit, «Büez»	…-réponse f.	Antwortkarte
Bourse f.	Börse	cartel m.	Kartell
bouteille f.	Flasche	cas m.; au … où	Fall; falls
branche f.	(Handels)zweig	case postale f.	Postfach
bref(brève)	kurz	casser	(zer)brechen
brevet m.	Patent, Diplom	catalogue m.	Katalog
brillant(e)	glänzend	catégorie f.	Kategorie, Sorte
brochure f.	kleine Schrift, Broschüre	catégorique	kategorisch, gebieterisch
bruit m.	Lärm, Gerücht	causal(e)	kausal, den Grund angebend
brut(e)	brutto, roh	cause f.	Ursache, Grund
budget m.	Voranschlag	causer	verursachen
bulletin m.	Zettel, Bericht	caution f.	Bürgschaft, Kaution
… de commande	Bestellschein	cédille f.	Häkchen
… de garantie m.	Garantieschein	célibat m.	Zölibat, Ehelosigkeit
… de versement m.	Einzahlungsschein	célibataire	ledig
bureau de placement m.	Stellenvermittlungsbüro	centre m. commercial	Einkaufszentrum
but m.	Ziel, Zweck, Absicht	cependant	jedoch, indessen
		certain(e)	gewiss
		certificat m.	Zeugnis
C		cesser de	aufhören
		chalet m.	Holzhaus
cabine f. téléphonique	Telefonzelle	c'est-à-dire	das heisst
cadeau m.	Geschenk	chambre f. (à coucher)	Schlafzimmer
cadres m. pl.	Kader, leitendes Personal	chance f.	Glück, Zufall
caf (coût, assurance, fret)	cif (Kosten, Versicherung, Fracht)	change m.	Wechselgeschäft
		changement m.	Wechsel, Änderung
caisse f.	Kiste, Kasse	changer	sich ändern, wechseln
caissier m., -ière f.	Kassier, -in	charge f.	Abgabe, Last
calcul m.	Berechnung, Kalkulation	à la … de	zu Lasten von
		charger qn de	beauftragen mit, übertragen
calculer	berechnen	se … de	übernehmen
calme	ruhig	château m.	Schloss
camarade m. et f.	Kamerad(in)	chauffage m.	Heizung
camion m.	Lastwagen	chauffe-eau m.	Boiler
camionnette f.	Lieferwagen	chaussure f.	Schuh(werk)
camionneur m.	Spediteur, LKW-Fahrer	chef m.	Leiter, Chef
		chemin m. de fer	Eisenbahn
candidat m. (candidate f.)	Anwärter(in), Kandidat(in)	chemise f.	Hemd
		chèque m.	Scheck
capable de	fähig, tüchtig	cher (chère)	teuer, lieb
capacité f.	Fähigkeit	chiffre m.	Zahl, Ziffer
capital m.	Kapital	… d'affaires	Umsatz
capsule f. spatiale	Raumkapsel	chocolat m.	Schokolade
caractère m.	Charakter	choix m.	(Aus)Wahl
cardinal(e)	Grund-, Haupt-	chômage m.	Arbeitslosigkeit
carnet m.	Heft, Büchlein	chronologique	chronologisch
… d'épargne m.	Sparheft	ci-après	nachstehend
		ci-dessous	untenstehend

ci-dessus	obenstehend	comprendre	begreifen, einschliessen
ci-inclus	in der Beilage	compris: y …	inbegriffen
ci-joint	als Beilage, beigelegt	comptabiliser	buchen
circulaire f.	Rundschreiben	comptabilité f.	Buchhaltung
citer	erwähnen, zitieren	comptable m. et f.	Buchhalter(in)
clair(e)	klar	comptant: au …	gegen bar
classement m.	Ordner, Ablage	compte m.	Rechnung, Konto
classer	ordnen, ablegen	à bon …	billig
classeur m.	Brieffordner	… courant m.	Kontokorrent
clé, clef f.	Schlüssel	… de chèques	Postscheckkonto
client m. (cliente f.)	Kunde (Kundin)	postaux m.	
clientèle f.	Kundschaft	compter sur	zählen auf, rechnen mit
clip m.	Klammer, Klipp	concentrer, se … sur	sich konzentrieren auf
code m.	Schlüssel	concernant	betreffend
coffre-fort m.	Panzerschrank	concerner	betreffen
col m.	Kragen, Flaschenhals	en ce qui concerne	was … anbetrifft
… de montagne	Gebirgspass	concession f.	Zugeständnis
colis m.	Paket, Gepäckstück	conclure	abschliessen
… postal	Postpaket	conclusion f.	Schlussfolgerung,
collaborateur m.	Mitarbeiter(in)		Abschluss
(collaboratrice f.)		concurrence f.	Konkurrenz
collaboration f.	Mitarbeit	concurrent(e)	Konkurrenz-
coller	kleben	la maison	Konkurrenzfirma
collectif(ve)	Kollektiv-, Sammel-	concurrente	
collection f.	Sammlung	condition f.	Bedingung
collègue m. et f.	Kollege, Kollegin	condoléances f. pl.	Beileid
comité m.	Ausschuss, Komitee	confection f.	Kleiderfabrikation
commande f.	Bestellung	Confédération f.	Bund, Eidgenossenschaft
… d'essai	Probebestellung	conférence f.	Vortrag, Besprechung
commander	bestellen	confiance f.	Vertrauen
commerçant m.	Kaufmann	mériter toute …	volles Vertrauen
commerce m.	Handel, Geschäft		verdienen
faire le … de	handeln mit	faire …	vertrauen
commercial(e)	Handels-, kaufmän-	confidentiel(le)	vertraulich
	nisch, geschäftlich	confier	anvertrauen
commission f.	Kommission,	confirmation f.	Bestätigung
	Nachricht	confirmer	bestätigen
faire une …	einen Auftrag aus-	confondre	verwechseln
	richten	conforme à	gleich, übereinstimmend
communal(e)	Gemeinde-	confort m.	Komfort
communication f.	Mitteilung	confortable	komfortabel, bequem
communiquer	mitteilen	confusion f.	Verwechslung
compagnie f.	Gesellschaft	congé m.	Urlaub, Abschied
comparer	vergleichen	avoir …	frei haben,
compensation f.	Ausgleich, Ersatz	donner (son) …	kündigen
en … de	als Ersatz für	prendre …	sich verabschieden
compétent(e)	zuständig	congédier	entlassen
compétence f.	Zuständigkeit,	congélateur m.	Tiefkühler
	Fachkenntnis	congeler	tiefgefrieren
complémentaire	ergänzend, zusätzlich	congrès m.	Kongress
complet(ète)	vollständig	connaissance f.	Bekannter, Kenntnis
compléter	ergänzen, vervoll-	à ma …	meines Wissens
	ständigen	avoir … de	Kenntnis haben
composer: se … de	sich zusammensetzen	faire la … de qn	jdn. kennenlernen
… un numéro	eine Nummer wählen	consciencieux(se)	gewissenhaft
compréhension f.	Verständnis	conscience f.	Gewissen(haftigkeit)

conseil m.	Rat(schlag)	côté m.	Seite
demander ... à qn	um Rat bitten	courage m.	Mut
... d'administra-	Verwaltungsrat	couramment	fliessend
tion		courant (ct)	laufend, gebräuchlich
conseiller à qn de	anraten	dans le ... de	im Laufe
conseiller m.	Berater, Rat	courrier m.	Briefpost
conséquence f.	Folge, Nachwirkung	par retour du ...	postwendend
en ...	infolgedessen	cours m.	Kurs, Lauf
conséquent: par ...	infolgedessen	au ... de	im Laufe
conserver	aufbewahren, behalten	... de perfec-	Fortbildungskurs
considérable	beträchtlich	tionnement	
considération f.	(Hoch)Achtung	suivre un ...	einen Kurs besuchen
considérer comme	betrachten als	course f.	Rennen, Lauf
consister en	bestehen aus	... d'école	Schulreise
consommateur m.	Konsument(in)	court(e)	kurz
(-trice f.)		coût m.	Kosten
consommer	verbrauchen	coûter	kosten
constant(e)	(be)ständig	... cher	teuer sein
constater	feststellen	coûteux(se)	kostspielig
constituer	bedeuten, darstellen	coutume f.	Gewohnheit
construire	bauen, herstellen	craindre	(be)fürchten
consulter qn sur qch.	jem. um Rat fragen	crainte f.	Bedenken, Angst
contact m.	Kontakt, Berührung	créance f.	Guthaben
entrer en ... avec	in Kontakt treten mit	créancier m.	Gläubiger
prendre ... avec	Kontakt aufnehmen	création f.	Gründung, Errichtung
content(e) de	zufrieden mit	crédit m.	Kredit
contenir	enthalten	créditer de	gutschreiben
contenter	zufriedenstellen	créer	schaffen
continuer à	fortsetzen, weiterfahren	cristal m.	Kristall
contraire m.	Gegenteil	croix f.	Kreuz
au ...	im Gegenteil	curriculum vitae m.	Lebenslauf
contrat m.	Vertrag		
conclure un ...	Vertrag abschliessen		
contre	gegen	**D**	
par ...	hingegen, andrerseits		
contreproposition f.	Gegenvorschlag	dactylo m. et f.	Stenotypist(in)
contretemps m.	peinlicher Zwischenfall	dactylographie f.	Maschinenschreiben
contrôle m.	Prüfung, Kontrolle	dactylographié(e)	mit der Maschine
contrôler	prüfen, kontrollieren		geschrieben
convenable	passend	date f.	Datum
convenir (de)	übereinkommen	dater	datieren
... à	passen	débit m.	Soll, Lasten
à ...	nach Vereinbarung	débiter qn de	belasten mit
convention f.	Vereinbarung	débiteur m.	Schuldner
convocation f.	Vorladung	début m.	Anfang, Beginn
convoquer	vorladen, einberufen	au ... de	anfangs
cordial(e)	herzlich	débutant m. (-e, f.)	Anfänger(in)
correct(e)	fehlerfrei, richtig	déception f.	Enttäuschung
correspondance f.	Korrespondenz	décevoir	enttäuschen
correspondancier m.	Korrespondent(in)	être déçu(e)	enttäuscht sein
(ière) f.		décider de	beschliessen
correspondant m.	Geschäftsfreund,	se ... à	sich entschliessen zu
	Korrespondent	décision f.	Entschluss
correspondre à	übereinstimmen mit,	prendre une ...	einen Entschluss fassen
	entsprechen	décliner	ablehnen
costume de bain m.	Badekleid	décoration f.	Schmuck, Dekoration

découvrir	entdecken	dette f.	Schuld
décrire	beschreiben	développer	entwickeln
dédommager	entschädigen	développement m.	Entwicklung
dédouaner	verzollen	devis m.	Kostenvoranschlag
déduction f.	Abzug	devoir	müssen, schulden, sollen
déduire	abziehen	devoir m.	Pflicht, Aufgabe
défavorable	ungünstig	dictée f.	Diktat
défaut m.	Fehler, Mangel	dictionnaire m.	Wörterbuch
défectueux(se)	beschädigt, schadhaft	différence f.	Unterschied, Fehl-
défendre	verbieten, verteidigen		betrag
définitif(ve)	endgültig	différent(e)	verschieden
dégât m.	Schaden	difficile	schwierig
degré m.	Grad	difficulté f.	Schwierigkeit
délai m.	Frist, Verzug, Stundung	… de paiement	Zahlungsschwierigkeit
… de livraison	Lieferfrist	digne	würdig
… de paiement	Zahlungsfrist	… de confiance	vertrauenswürdig
délicat(e)	empfindlich, heikel	… de crédit	kreditwürdig
demande f.	Anfrage, Bitte, Gesuch	diminuer	verkleinern, verringern
… d'emploi	Stellengesuch	diminution	Verkleinerung
… d'offre	Offertanfrage	diplôme m.	Diplom
… de renseigne-	Auskunftsgesuch	direction f.	Leitung, Direktion
ments		dire	sagen
demander à qn	fragen, bitten, ersuchen	il va sans … que	selbstverständlich
demeurer	wohnen, bleiben	diriger	leiten
démonstratif(ve)	hinweisend	discret(ète)	verschwiegen
démonstration f.	Vorführung	discrétion f.	Verschwiegenheit
démontrer	vorzeigen, vorführen	discuter de qc	besprechen
départ m.	Weggang, Abfahrt	disponible	vorrätig, verfügbar
département m.	Abteilung	disposer de	verfügen über
dépasser	überschreiten	disposition f.	Verfügung, Massnah-
dépendre de	abhängen von		me, Darstellung
dépenser	ausgeben	distingué(e)	hochachtungsvoll
déplacement m.	Versetzung	distinguer	unterscheiden
déplacer	versetzen	se … par	sich unterscheiden
depuis	seit		durch
dernier(ière)	letzte, äusserste,	divers(e)	verschieden
	neueste	diviser en	einteilen in
dérivation f.	Ableitung	documentation f.	Unterlagen
dériver	ableiten	documenter: se …	sich Unterlagen
déroulement m.	Abwicklung, Ablauf		verschaffen
dès	von … an	domaine m.	Gebiet, Branche
… que	sobald	domicile m.	Wohnort
désagréable	unangenehm	domicilié(e) à	wohnhaft in
désagrément m.	Unannehmlichkeit	dommage m.	Schaden
descente f.	Abstieg, Abfahrt	donc	deshalb, also, daher
description f.	Beschreibung	dossier m.	Dossier, Sammelmappe
désir m.	Wunsch	double	doppelt, zweifach
selon votre …	wunschgemäss	douche f.	Dusche
désirer	wünschen	douteux(se)	zweifelhaft
destinataire m.	Empfänger	douzaine f.	Dutzend
destination f.	Bestimmung	droguiste m.	Drogist
destiner à	bestimmen für	dû (due) à	zurückzuführen auf,
détail m.	Einzelheit		verursacht durch
détails personnels	Personalien	durable	dauerhaft
détaillant m.	Detaillist, Kleinhändler	durant	während
détaillé(e)	ausführlich	durée f.	Dauer

durer	dauern
dynamique	dynamisch, beweglich

E

échanger	austauschen
échantillon m.	Muster, Probe
échapper à	entgehen
échéance f.	Verfall, fälliger Termin
échu(e)	fällig, verfallen
éclater	ausbrechen
école f.	Schule
… professionnelle de commerce	kaufmännische Berufs-schule
fréquenter une …	eine Schule besuchen
économie f.	Wirtschaft
économique	wirtschaftlich, sparsam
économiser	sparen
écoulé (éc.)	vorigen Monats (v. M.)
écouler	absetzen, verfliessen
éditions f. pl.	Verlag
effectuer	ausführen (Arbeit)
… un paiement	Zahlung leisten
s'…	erfolgen
effectif(ve)	tatsächlich
effet m.	Wirkung, Wechsel
en …	in der Tat, tatsächlich
efforcer: s'… de	sich bemühen
effort m.	Anstrengung
également	ebenfalls
électrique	elektrisch
électronique	elektronisch
élégance f.	Eleganz, Geschmack
élégant(e)	elegant
élément m.	Element, Bestandteil
élémentaire	elementar
élevé(e)	hoch (Preis)
élever: s'… à	sich belaufen auf
emballage m.	Verpackung
emballer	verpacken, einpacken
emploi m.	Anstellung, Stelle, Anwendung
employé m. (-e, f.)	Angestellter (Angestellte)
… de commerce	kaufmännischer Angestellter
employer	verwenden, anstellen
employeur m.	Arbeitgeber
empressé(e)	Grussformel: hoch-achtungsvoll
enchanté(e)	entzückt, erfreut
endommager	beschädigen
énergie f.	Energie
engagement m.	Verpflichtung, Anstel-lung, Einsatz
sans …	unverbindlich

engager	anstellen, einstellen
… à faire qch.	veranlassen, bewegen
enlever	wegnehmen
ennui m.	Langeweile
ennuis m. pl.	Ärger
ennuyer	ärgern
énorme	sehr gross, riesig
enterrement m.	Beerdigung
en-tête m.	Briefkopf
entier(ière)	ganz, vollständig
entraver	(be)hindern, hemmen
entrée f.	Eintritt
entreprendre	unternehmen
entrepreneur m.	Unternehmer
entreprise f.	Unternehmung
… commerciale	Handelsunternehmen
… industrielle	Industrieunternehmen
entrer	eintreten
… en relations d'affaires	in Geschäftsverbindung treten
entre-temps	inzwischen
entretenir	unterhalten
entretien m.	Unterredung, Unterhalt
entrevue f.	Unterredung
énumérer	aufzählen
enveloppe f.	Briefumschlag
envie f.	Lust
avoir .. de	Lust haben zu
environ	ungefähr
envoi m.	Sendung
envoyer	senden, schicken
épargner	(er)sparen
épeler	buchstabieren
épidémie f. de grippe	Grippewelle
épuisé(e)	erschöpft, aufgebraucht
erreur f.	Irrtum
escalier m.	Treppe
escompte m.	Skonto, Diskont
espagnol m.	spanisch
espérer	hoffen
espoir m.	Hoffnung
essai m.	Versuch, Probe
essayer de	versuchen
essence f.	Benzin
établir	aufstellen (Liste, Rechnung, usw.)
s'…	sich niederlassen
établissement m.	Betrieb, Firma
étage m.	Stockwerk
état m.	Zustand
être en … de	in der Lage sein
… civil	Zivilstand
Etats-Unis m. pl.	Vereinigte Staaten
éteindre	(aus)löschen
étendre	erweitern, ausdehnen
étoffe f.	Stoff

étranger m.	Ausland
étranger(ère)	ausländisch, fremd
étude f.	Studium
… de notaire	Notariat
étudier	studieren
éventuel(le)	möglich, allfällig
éviter	vermeiden
exact(e)	genau, richtig
examen m.	Prüfung
à l'…	zur Ansicht
… de fin d'appren-	Lehrabschlussprüfung
tissage	
examiner	prüfen
excellent(e)	ausgezeichnet
exception f.	Ausnahme
exceptionnel(le)	ausserordentlich
exceptionnellement	ausnahmsweise
exclusif(ve)	exklusiv, ausschliesslich
excursion f.	Ausflug
excuser: s'… de	sich entschuldigen für
excuse f.	Entschuldigung
exécuter	ausführen, erledigen
exécution f.	Ausführung
exemplaire m.	Exemplar
exercice m.	Übung, Geschäftsjahr
exiger	fordern, beanspruchen
exister	bestehen, existieren
expédier	schicken, versenden
expéditeur m.	Absender
expédition f.	Versand, Auslieferung
expérience f.	Erfahrung, Versuch
expérimenté(e)	erfahren, qualifiziert
explication f.	Erklärung
expliquer	erklären
exportation f.	Ausfuhr, Export
exportateur m.	Exporteur
exporter	ausführen
exposer	ausstellen, darlegen
exprès: par…	Express-Sendung
expression f.	Ausdruck
exprimer	ausdrücken
extérieur(e)	Aussen-
extraordinaire	ausserordentlich

F

fabricant m.	Fabrikant
fabrication f.	Fabrikation
fabrique f.	Fabrik
fabriquer	herstellen
face: faire … à	nachkommen (Ver-
(obligations)	pflichtungen)
facile	leicht
façon f.	Art, Weise
de cette …	auf diese Weise

facturation f.	Fakturierung
facturer	berechnen
facultatif(ve)	freiwillig
faible	schwach
faillite f.	Konkurs
faire (se faire)	machen (erfolgen)
… confiance à qn	jdm. vertrauen
… connaître qch.	mitteilen
… face à	nachkommen (Ver-
	pflichtungen)
… faillite	Konkurs machen
… le commerce de	handeln mit etwas
… parvenir à qn	zukommen lassen
… remarquer à qn	aufmerksam machen
… savoir à qn	wissen lassen
… son possible	sein möglichstes tun
… valoir	geltend machen
fait m.	Tatsache
familial(e)	Familien-
familiariser:	sich vertraut machen
se … avec	mit
faute f.	Fehler
sans …	unfehlbar, unbedingt
faux (fausse)	falsch (nicht echt)
faveur f.	Gunst, Entgegen-
	kommen
en ma …	zu meinen Gunsten
favorable	günstig
favorablement:	entsprechen (Gesuch)
répondre … à	
fédéral(e)	Bundes-
féliciter qn de	beglückwünschen
ferme	fest (Offerte,
	Bestellung)
fête f.	Fest
feuille f.	Blatt
fiche f.	Zettel, (Kartei)Karte
fichier m.	Kartei, Kartothek
fidèle	treu
fiduciaire: une so-	Treuhandgesellschaft
ciété …	
figurer	verzeichnet sein
filiale f.	Filiale, Zweiggeschäft
fin(e)	fein
fin f.	Ende
financier(ière)	finanziell
firme f.	Firma
fixer	bestimmen, festsetzen
les heures fixes	Blockzeit(en)
foire f.	Messe
f… d'échantillons	Mustermesse
fonctionner	funktionieren, arbeiten
fond: à …	gründlich
fondation f.	Gründung, Stiftung
fondé(e)	begründet
fondé de pouvoir m.	Prokurist

fonder	gründen
formation f.	(Aus)Bildung
forme f.	Form
formulaire m.	Formular
formule f.	Formular, Formel
… de politesse	Höflichkeitsformel
fort(e)	stark, gross
fortune f.	Vermögen
fournir	liefern
… des renseigne-	Auskunft erteilen
ments à qn	
fournisseur m.	Lieferant
fournitures f. pl.	Bürobedarf; Schreib-
de bureau	materialien
frais m. pl.	Kosten
franco	franko, portofrei
fréquenter	besuchen (Schule)
fruit m.	Frucht
futur(e)	zukünftig
fusion f.	Zusammenschluss

G

gagner	verdienen, gewinnen
gain m.	Verdienst, Gewinn
garagiste m.	Garagenbesitzer
garantie f.	Garantie, Sicherheit
garantir	garantieren
garder	behalten
général: en …	im allgemeinen
genevois(e)	Genfer-
genre m.	Art, Gattung
gérance f.	Verwaltung
gérant m.	Verwalter
glisser	gleiten
se … dans	vorkommen
	(z. B. Irrtum)
grâce à	dank
grandeur f.	Grösse
gratification f.	Gratifikation, Geschenk
gratuit: à titre …	gratis, unentgeltlich
grave	ernst, schwerwiegend
graver	gravieren, einstechen
gré: savoir … à qn de	dankbar sein
grève f.	Streik
gros(se)	dick, stark, gross
grossiste m.	Grossist, Grosshändler
groupe m.	Gruppe
guichet m.	Schalter

H

habile	geschickt, tüchtig
habitude f.	Gewohnheit
d'…	normalerweise,
	gewöhnlich
habituel(le)	üblich, gewöhnlich
habituer: s'… à	sich gewöhnen an
*halle f.	(Verkaufs)Halle
*hausse f.	Erhöhung, Steigen
*haut-parleur m.	Lautsprecher
hésiter à	zögern
heure f.	Stunde, Zeit
à l'… actuelle	gegenwärtig
heureux(se)	glücklich
être … de	sich freuen
*Hollande f.	Holland
homme m.	Mann, Mensch
… d'affaires	Geschäftsmann
honnête	ehrlich, anständig
hôpital m.	Spital
horaire m.	Fahrplan, Stundenplan
… de travail	Arbeitszeit
horloger m.	Uhrmacher
horlogerie f.	Uhrengeschäft
hospice m.	Hospiz
hôte m.	Gast(geber)
hôtelier m. (-ière f.)	Hotelbesitzer(in)
hypothèque f.	Hypothek, Schuldbrief

I

identique à	gleich wie
illustré(e)	bebildert
imiter	nachahmen
immédiat(e)	unverzüglich, sofort
immeuble m.	Liegenschaft
immobiliser	stillegen, festlegen
impeccable	einwandfrei, tadellos
importance f.	Bedeutung, Wichtigkeit
important(e)	wichtig, gross
importation f.	Einfuhr, Import
importateur m.	Importeur
importer	einführen
impossibilité f.	Unmöglichkeit
impôt m.	Steuer
impression f.	Druck, Eindruck
impressionner	beeindrucken
imprimerie f.	Druckerei
inattention f.	Unachtsamkeit
incapable	unfähig
incident m.	Zwischenfall
incomplet(ète)	unvollständig
inconnu(e)	unbekannt
inconvénient m.	Nachteil
indépendant(e)	unabhängig, selbständig
index m.	Register, Verzeichnis
indication f.	Angabe
indigne	unwürdig
indiquer	angeben
indiscret(ète)	indiskret, nicht
	verschwiegen

indispensable	unerlässlich	jouir de	geniessen
individuel(le)	persönlich	journal m.	Zeitung
industriel(le)	industriell, Industrie-	jus m.	Saft
inexact(e)	ungenau	juste	richtig, äusserst (Preis)
inférieur(e) à	niedriger, minderwertig	justifier	rechtfertigen
infini(e)	unendlich		
informateur m.	Auskunftgeber		
information f.	Erkundigung	**L**	
informatique f.	Datenverarbeitung		
informer: s'… de	sich erkundigen über	laine f.	Wolle
inhabituel(le)	ungewohnt	laisser à désirer	zu wünschen übrig
initiales f. pl.	Anfangsbuchstaben		lassen
initiative f.	Initiative, Anregung	langue f.	Sprache, Zunge
inscription f.	Einschreibung	… maternelle	Muttersprache
inscrire	einschreiben	… étrangère	Fremdsprache
s'… à un cours	sich für einen Kurs	lave-vaisselle m.	Geschirrspüler
	anmelden	ledit (ladite)	der (die) betreffende
insister sur	drängen, bestehen auf	légal(e)	gesetzlich
insolvable	zahlungsunfähig	léger(ère)	leicht
insolvabilité f.	Zahlungsunfähigkeit	légume m.	Gemüse
installer: s'…	sich niederlassen	lendemain m.	der folgende Tag
instant m.	Augenblick	lent(e)	langsam
à l'…	soeben	lettre f.	Brief, Buchstabe
insuffisant(e)	ungenügend	… d'affaires	Geschäftsbrief
instructif(ve)	lehrreich	… circulaire	Rundschreiben
instruction f.	Anweisung	… de change	Wechsel, Tratte
… de service	Bedienungsanleitung	… commerciale	Geschäftsbrief
intelligence f.	Verständnis, Intelligenz	…-exprès	Expressbrief
intensif(ve)	intensiv	… publicitaire	Werbebrief
intention f.	Absicht	… de rappel	Mahnbrief
intéressant(e)	interessant	… de voiture	Frachtbrief
intéressé m.	Interessent	librairie f.	Buchhandlung
intéresser: s'… à	sich interessieren für	libre	frei
intérêt m.	Interesse, Zins	licencier	entlassen
interne	intern, inner(lich)	lier	binden
interview f.	Interview	lieu m.	Ort
introduire	einführen	avoir…	stattfinden
inventaire m.	Inventar, Inventur	donner… à	Anlass geben zu
inversion f.	Umkehrung	… d'origine	Heimatort
invitation f.	Einladung	limiter	begrenzen, beschränken
inviter à	einladen	linguistique	sprachlich
irrégulier(ère)	unregelmässig	liquidation f.	Liquidation, Auflösung
irréprochable	einwandfrei	liquide	flüssig
italien(ne)	italienisch	liquider	auflösen, flüssig machen
italique: en …	kursiv	liste f.	Liste, Verzeichnis
itinéraire m.	Reisestrecke	livrable	lieferbar
		livraison f.	Lieferung
		livre f.	Pfund
J		livrer	liefern
		local m.	Lokalität, Raum
jeter	werfen	local(e), adjectif	Orts-, ortsansässig
jeu m.	Spiel	locataire m.	Mieter
… de société	Gesellschaftsspiel	location f.	Vermietung
jeunesse f.	Jugend	loger	wohnen
joindre	beifügen	logique	logisch
jouet m.	Spielzeug, Spielware	loisir m.	Musse, Freizeit

Londres	London
lors de	anlässlich, bei
lorsque	wenn, als
louer	mieten, vermieten, loben
loyer m.	Miete, Mietzins
lutter contre	bekämpfen
luxueux(se)	luxuriös

M

machine f.	Maschine
…-outil	Werkzeugmaschine
magasin m.	Laden
en …	auf Lager
magasinier m.	Magaziner
maintenir	aufrechterhalten
maïs m.	Mais
maison f.	Firma, Haus
… concurrente	Konkurrenzfirma
majeur(e)	höher, volljährig
majorer (prix)	erhöhen (Preis)
majuscule f.	Grossbuchstabe
malentendu m.	Missverständnis
malgré	trotz
malheureux(se)	unglücklich
mandat postal m.	Postanweisung
… de recouvre-ment	Einzugsmandat
manière f.	Art, Weise
… d'agir	Handlungsweise
… de traiter les affaires	Geschäftsgebaren, Geschäftsführung
manifestation f.	Veranstaltung
manquant(e)	fehlend
manque m.	Mangel
manquer qch.	(ver)fehlen, verpassen
… de qch.	Mangel haben an
manuel(le)	Hand-
manufacture f.	Fabrik, Herstellung
manuscrit(e)	handgeschrieben
marchand m.	Händler, Kaufmann
marchander	markten, feilschen
marchandise f.	Ware
marche f.	Gang, Verlauf
… des affaires	Geschäftsgang
marge f.	Rand, Anteil
… de bénéfice	Gewinnanteil
mariage m.	Heirat
marier: se … avec	heiraten
maritime	See-
mark m. allemand	deutsche Mark
marque f.	Marke, Merkmal
matériel m.	Material
maternel(le)	Mutter-

matière f.	Stoff, Fach
… première	Rohstoff
… synthétique	Kunststoff
mécanicien m.	Mechaniker
mécanique	mechanisch
mécontent(e)	unzufrieden
mécontenter	verärgern
médicament m.	Arznei, Medikament
mégarde: par …	aus Versehen
meilleur marché (invariable!)	billiger
même	selbst, derselbe
être à … de	imstande sein
ménage m.	Haushalt
mener	führen
mention f.	Bemerkung, Hinweis
mentionner	erwähnen
menu m.	Speisefolge
mériter	verdienen
message m.	Botschaft, Mitteilung
mesure f.	Mass, Massnahme
être en … de	in der Lage sein
meuble m.	Möbel
mi-	halb, Mitte
mieux	besser
faire de son …	sein Bestes tun
milieu m.	Mitte, Kreis
million m.	Million
miniature: en …	im Kleinen
mission f.	Auftrag, Sendung
mode m.	Art, Modus, Weise
… de livraison	Art der Lieferung
… de paiement	Zahlungsart
modèle m.	Modell
modéré(e)	mässig
moderne	modern
moderniser	modernisieren, erneuern
modification f.	Änderung
modifier	(ab)ändern
momentanément	einstweilen
monnaie f.	Währung, Kleingeld, Rückgeld
montant m.	Betrag
monter	montieren (Maschine)
se … à	sich belaufen auf, betragen
montre f.	Uhr
… à quartz	Quarzuhr
monument m.	Denkmal
morceau m.	Stück
mort f.	Tod
mosaïque f.	Mosaik
motif m.	(Beweg)Grund
motiver	begründen
motocyclette f.	Motorrad
mouillé(e)	feucht, nass

mourir	sterben
moyen(ne)	mittlere
moyen m.	Mittel
au ... de	mittels
moyenne f.	Durchschnitt
en ...	im Durchschnitt
municipal(e)	Stadt-

N

naissance f.	Geburt
la date de ...	Geburtsdatum
napolitain(e)	neapolitanisch
nationalité f.	Nationalität
ne ... ni ... ni	weder ... noch
nécessaire	notwendig
faire le ...	das Nötige veranlassen
nécessité f.	Notwendigkeit
négociant m.	Kaufmann
négocier	verhandeln
négociation f.	Verhandlung
net(te)	rein, sauber, netto
nettement	wesentlich, deutlich
nettoyer	reinigen
Noël m.	Weihnachten
nom m.	Name
nombre m.	Zahl
... cardinal	Grundzahl
... ordinal	Ordnungszahl
nombreux(se)	zahlreich
nommer	(er)nennen
normal(e)	normal
norme f.	Richtlinie, Norm
notaire m.	Notar
note f.	Notiz, Kenntnis, Note
prendre ... de	vormerken, Kenntnis nehmen von
noter	notieren, vormerken
notion f.	(Vor)Kenntnis
nouveauté f.	Neuheit
nouvelle f.	Neuigkeit, Nachricht
nul(le)	nichtig, ungültig
nulle part	nirgends
numéro m.	Nummer, Zahl
... postal	Postleitzahl
numéroter	numerieren

O

objectif(ve)	sachlich
objet m.	Gegenstand
obligation f.	Verpflichtung
obligatoire	obligatorisch
obligé(e)	genötigt, verpflichtet
être ... de	gezwungen sein

obligeance f.	Entgegenkommen
obliger (être obligé de)	verpflichten (gezwungen sein)
... qn à	zwingen zu
observer	einhalten (Frist)
faire ...	aufmerksam machen
obtenir	erzielen, erlangen
occasion f.	Gelegenheit
occasionner	verursachen
occupation f.	Beschäftigung
occuper	beschäftigen, besetzen
s' ... de	sich befassen mit
œil m. (les yeux)	Auge(n)
œuvre f.	Werk
office m.	Büro, Amt
Office m. des poursuites	Betreibungsamt
offre f.	Angebot, Offerte
... d'emploi	Stellenangebot
... de service	Stellengesuch
omettre	auslassen, unterlassen
opération f.	Geschäft, Operation
opinion f.	Meinung, Ansicht
or	nun aber
oral(e)	mündlich
ordinaire	gewöhnlich
ordinateur m.	Computer
ordre m.	Auftrag, Ordnung, Befehl
organiser	organisieren
originaire de	heimatberechtigt in
original(e)	originell
origine f.	Herkunft, Ursprung
oser	wagen
oubli m.	Versehen
outil m.	Werkzeug
outre	ausser
en ...	ausserdem, überdies
outre-mer	überseeisch
ouverture f.	Eröffnung
ouvrage m.	Werk, Arbeit
ouvrier m. (ière f.)	Arbeiter(in)

P

paie f.	Lohn, Gehalt
paiement m.	Zahlung
... (au) comptant	Barzahlung
paire f.	Paar
panne f.	Panne, Störung
papier m. à lettres	Briefpapier
Pâques m.	Ostern
paraître	(er)scheinen
parallèle	parallel
parcourir	bereisen, durcheilen
pardonner	verzeihen

par écrit	schriftlich
parfaire	vervollkommnen
parfait(e)	vollkommen
parmi	(mitten) unter
part f.	Teil, Seite
à ...	separat, besonders
de votre ...	von Ihnen, Ihrerseits
partager	teilen
participer	teilnehmen
particularité f.	Besonderheit
particulier m.	Privatmann
particulier(ière)	besonders
en particulier	im besonderen
partie f.	Teil
en ...	teilweise
faire ... de	gehören zu
partiel(le)	teilweise, Teil-
partir	abgehen, verreisen
à ... de	von ... an
parvenir à faire qch.	gelingen, Erfolg haben
... à qn	zukommen
pas m.	Schritt
passeport m.	Reisepass
passer	vorbeikommen
... une commande	Bestellung aufgeben
... un ordre	Auftrag erteilen
... en compte	buchen
... pour	gelten als
patience f.	Geduld
patient(e)	geduldig
patienter	sich gedulden
patron m. (-ne f.)	Chef(in), Geschäfts- inhaber(in)
pause f.	Pause, Unterbruch
payable	zahlbar
payeur m.	Zahler
Pays-Bas m. pl.	Niederlande
penser	(ge)denken
pénurie f.	Mangel, Knappheit
perdre	verlieren
perfection f.	Vollkommenheit
perfectionnement m.	Vervollkommnung
perfectionner	vervollkommnen
période f.	Zeit(spanne), Periode
permanent(e)	Dauer-
permettre à qn de	erlauben, ermöglichen
permis m.	Bewilligung (schriftlich)
... de conduire	Fahrausweis
... d'importation	Einfuhrlizenz
permission f.	Erlaubnis (mündlich)
personnel m.	Personal
le chef du ...	Personalchef
personnel(le)	persönlich
perte f.	Verlust
subir une ...	Verlust erleiden
perspective f.	Aussicht

persuader de	überzeugen
peser	wägen, wiegen
phase f.	Phase, Teil
pièce f.	Stück, Schriftstück
placement m.	Geldanlage
le bureau de ...	Stellenvermittlungsbüro
placer	setzen, anbringen
plaindre	beklagen, bedauern
se ... de	sich beklagen über
plaire à qn	gefallen
planche f.	Brett
faire de la ... à voile	windsurfen
plein(e)	voll, vollständig
plaisir m.	Vergnügen, Freude
se faire un ...	das Vergnügen haben
pli m.	Falte, Umschlag
sous ce ...	als Beilage
plier	falten
plupart f.	Mehrheit
plus: de ...	zudem
pneu m.	Reifen, Pneu
poids m.	Gewicht
point m.	Punkt
en tous points	in jeder Hinsicht
sur le ... de	im Begriff zu
... de vue	Standpunkt
police f.	Police, Polizei
... d'assurance	Versicherungspolice
ponctuel(le)	pünktlich
populaire	Volks-
porcelaine f.	Porzellan
port m.	Porto, Hafen
en ... dû	unfrankiert
en ... payé	frankiert
porter sur	betreffen
portugais(e)	portugiesisch
poser	legen, stellen
... sa candidature	sich bewerben
posséder	besitzen
possession f.	Besitz
être en ... de	im Besitze sein
possibilité f.	Möglichkeit
possible	möglich
faire (tout) son ...	sein möglichstes tun
postal(e)	Post-
poste m.	Stelle, Posten
postulant m. (postulante f.)	Bewerber(in)
postulation f.	Bewerbung
postuler une place	sich um eine Stelle bewerben
poulet m.	Hühnchen
pour que + subjonctif	damit
pourboire m.	Trinkgeld
pour-cent m.	Prozent

pourquoi	warum
c'est …	deshalb
poursuite f.	Betreibung, Verfolgung
poursuivre	verfolgen, betreiben
pouvoir m.	Macht, Vollmacht
pratique	praktisch
précaire	unsicher, heikel
précédent(e)	vorhergehend
précéder	vorangehen
précieux(se)	wertvoll, kostbar
précis(e)	genau, bestimmt
précis m.	Zusammenfassung
préciser	genau angeben
précision f.	nähere Angabe
préférence f.	Vorzug, Vorrang
préférer	vorziehen
prélever	einziehen, erheben
prendre	nehmen
… note de	vormerken
prénom m.	Vorname
préparer	vorbereiten
préposition f.	Vorwort
présence f.	Anwesenheit
en … de	in Gegenwart von
présenter	bieten, vorweisen, vor-
	führen, aufweisen
se … à qn	sich vorstellen bei jdm.
présentation f.	Darstellung, Vorstel-
	lung
presque	beinahe
prêt(e) à	bereit zu
prêt m.	Darlehen
prétention f.	Anspruch
les … s de salaire	Lohnansprüche
prêter	leihen
preuve f.	Beweis
faire ses … s	sich bewähren
faire … de	zeigen (z. B. Initiative)
prévenir	benachrichtigen
prévoir	voraussehen
prévu(e)	vorgesehen
prier de	bitten, ersuchen
principal(e)	Haupt-
principe m.	Grundsatz
en …	grundsätzlich
privé(e)	privat
prix m.	Preis
… courant	Preisliste
probable(ment)	wahrscheinlich
problème m.	Problem
prochain(e)	nächst
proche	nahe
produire	produzieren, herstellen
se …	sich ergeben, erfolgen
produit m.	Produkt
profession f.	Beruf

professeur m.	Fachlehrer, Professor
professionnel(le)	beruflich
l'école profession-	kaufmännische Berufs-
nelle de commerce	schule
profiter de	benützen, profitieren
programme m.	Programm
programmer	programmieren
programmeur m.	Programmierer
progrès m.	Fortschritt
projet m.	Plan
prolongation f.	Verlängerung
prolonger (durée)	verlängern (Dauer)
promettre de	versprechen
promesse f.	Versprechen
prompt(e)	baldig, rasch
proposer à qn	vorschlagen
se … de	sich vornehmen, beab-
	sichtigen
proposition f.	Vorschlag, Satz
… principale	Hauptsatz
… subordonnée	Nebensatz
propre (à)	sauber, eigen, geeignet
propriétaire m. et f.	Eigentümer(in)
proroger (date)	aufschieben (Datum)
prospectus m.	Prospekt
protéger	schützen
protester	protestieren
provisoire	provisorisch
prudence f.	Vorsicht
prudent(e)	vorsichtig
public (publique)	öffentlich
publicitaire	Werbe-
publicité f.	Werbung, Reklame
publier	veröffentlichen
puisque	da ja, weil
purée f.	Brei

Q

qualification f.	Eignung, Befähigung
qualifié(e)	geeignet, befähigt
qualifier (pour)	befähigen
qualité f.	Eigenschaft, Qualität
quant à	was (an)betrifft
quelque	einige, etwa
question f.	Frage
être … de	die Rede sein von
en … (nachgestellt)	der (die) betreffende
quittance f.	Quittung
quoique (subjonctif)	obschon

R

rabais m.	Rabatt
raison f.	Grund, Recht
avoir …	recht haben

140

donner...	recht geben	règle f.	Regel
en... de	auf Grund von	en ... générale	in der Regel
...s de famille	familiäre Gründe	règlement m.	Ausgleich, Begleichung
... sociale	Firmenname	en ... de	zum Ausgleich
rapide	schnell	régler	begleichen, erledigen
rappel m.	Aufforderung, Mahnung, Erinnerung	région f.	Gegend, Region
		regret m.	Bedauern
la lettre de ...	Mahnbrief	à mon ...	zu meinem Bedauern
rappeler qch. à qn	jdn. an etwas erinnern	regretter de	bedauern
... qn	jdn. wieder anrufen	régulariser	regeln
rapport m.	Verbindung, Bericht	réjouir: se réjouir de	sich freuen über
se mettre en ... avec	sich in Verbindung setzen mit	relatif(ve) à	betreffend
rapporter	berichten	relation f.	Beziehung, Verbindung
rapporter: se ... à	sich beziehen auf	relativement	verhältnismässig
rationaliser	rationalisieren	relevé m. de compte	Kontoauszug
rationnel(le)	rationell	relief m.	Hervorhebung
rayon m.	Abteilung (Warenhaus)	mettre en ...	hervorheben
réalisable	erfüllbar	relier	verbinden
réaliser	erzielen (Gewinn)	remarquer	bemerken
réalité f.	Wirklichkeit	faire ...	aufmerksam machen
réassurance f.	Rückversicherung	remboursement m.	Nachnahme
récent(e)	kürzlich, neu	rembourser	zurückzahlen, tilgen
réception f.	Empfang	remerciement m.	Dank
à ...	bei Empfang	remercier de	danken für
accuser ... de	den Empfang bestätigen	remettre	übergeben
recherche f.	(Nach)Forschung	... une commande	eine Bestellung aufgeben
réclamation f.	Beschwerde	remise f.	Übergabe, Rabatt
réclamer à qn	fordern	remplaçant m.	Stellvertreter
recommandation f.	Empfehlung	remplacement m.	Ersatz, Vertretung
recommander à qn	empfehlen, einschreiben	en ... de	als Ersatz für
reconnaissant(e) de	dankbar für	remplacer	ersetzen, vertreten
reconnaître	anerkennen, zugeben	remplir	füllen, erfüllen
recouvrement m.	Einzug, Einzugsmandat	rencontrer	begegnen, treffen
récréation f.	Pause (Schule)	rendement m.	Ertrag
rectification f.	Berichtigung	rendez-vous m.	Verabredung
rectifier	berichtigen	rendre	zurückgeben, machen
recto m.	Vorderseite	... attentif à	aufmerksam machen
au ...	auf der Vorderseite	se ... à	sich begeben nach
reçu m.	Empfang, Quittung	se ... compte de	sich Rechenschaft geben über
recueillir	sammeln, einziehen	... (un) service à qn	einen Dienst erweisen
rédaction f.	Abfassung, Redaktion	... visite à qn	Besuch abstatten
rédiger	abfassen	renommé(e)	berühmt, bekannt
réduction f.	Ermässigung	renoncer à	verzichten auf
réduire	herabsetzen	renouveler	erneuern
référence f.	Referenz, Bezugnahme	renseignement m.	Auskunft
référer: se ... à	sich beziehen auf	renseigner qn sur	Auskunft geben, orientieren, unterrichten
réfléchir à	überlegen, nachdenken	se ... sur	sich erkundigen über
réfrigérateur m.	Kühlschrank	rentrée f.	Eingang, Rückkehr
refus m.	Weigerung, Ablehnung	renvoi m.	Rücksendung
refuser de	ablehnen, verweigern	renvoyer	zurückschicken, aufschieben, entlassen
		réorganiser	reorganisieren

réparation f.	Reparatur	rien: n'être pour …	nicht verantwortlich
réparer	flicken, wiederherstel-	dans	sein für
	len, ausbessern	risque m.	Gefahr, Risiko
répartir	zuteilen, verteilen	risquer	Gefahr laufen, riskieren
répartition f.	Zuteilung, Verteilung	romain(e)	römisch
repas m.	Mahlzeit	rôle m.	Rolle
répondre à	antworten, entsprechen	rôti m.	Braten
… à un désir	einem Wunsch	routier(ière)	Strassen-
	entsprechen		
réponse f.	Antwort		
reporter	übertragen, verschieben	**S**	
reprendre	übernehmen		
représentant m.	Vertreter	sain(e)	gesund
représentation f.	Vertretung	saisir	ergreifen
représenter	vertreten	salaire m.	Gehalt, Lohn, Salär
reprise f.	Übernahme	salarié m.	Lohnempfänger,
reprocher	vorwerfen		Arbeitnehmer
reproduction f.	Wiedergabe, Abdruck	salutation f.	Gruss
se reproduire	wieder vorkommen	santé f.	Gesundheit
réputation f.	Ruf, Ansehen	sardine f.	Sardine
réservation f.	Reservation, Buchung	satisfaction f.	Zufriedenheit
réserve f.	Vorbehalt, Reserve	satisfaire	zufriedenstellen
réserver	reservieren	satisfait de	zufrieden mit
résilier	auflösen (Vertrag)	sauf	ausgenommen
respecter	einhalten, erfüllen	savon m.	Seife
responsabilité f.	Verantwortung	scolaire	Schul-
responsable de	verantwortlich für	séance f.	Sitzung, Konferenz
ressembler à	gleichen, ähnlich sein	sec (sèche)	trocken
ressortir	wieder hinausgehen	secrétaire m. et f.	Sekretär(in)
reste m.	Rest	secrétariat m.	Sekretariat
résultat m.	Ergebnis	séjour m.	Aufenthalt
résulter de	sich ergeben aus,	séjourner	sich aufhalten
	resultieren	selon	gemäss, laut
résumé m.	Zusammenfassung	semblable (à)	ähnlich (wie)
rétablir	wiederherstellen	sembler	scheinen
retard m.	Verspätung, Verzögerung	semestre m.	Semester, sechs Monate
retenir	behalten, berücksich-	sens m.	Sinn, Vernunft
	tigen	avoir le … des	verantwortungsbewusst
… une offre	ein Angebot berück-	responsabilités f.	sein
	sichtigen	sensible	fühlbar, empfindlich
retour	zurück	sentiment m.	Gefühl
par … du courrier	postwendend	séparé(e)	getrennt, separat
retourner	zurücksenden	par courrier …	mit separater Post
retraite f.	Ruhestand	séparément	gesondert, separat
réunir	vereinigen	série f.	Serie, Reihe
réussir à	gelingen, Erfolg haben	sérieux(se)	ernsthaft, seriös
revanche f.	Vergeltung	service m.	Dienst, Abteilung
en …	hingegen, als Ersatz	… du personnel	Personalabteilung
revenir	zurückkommen, zu ste-	… militaire	Militärdienst
	hen kommen (Preis)	rendre … à	Dienst erweisen
… à qch.	zurückkommen auf	… semblable	Gegendienst
… sur qch.	wieder erwägen	sévère	streng
revenu m.	Einkommen	siège m.	Sitz
revue f.	Zeitschrift, Durchsicht	… principal	Hauptsitz
riche	reich	signaler qch. à qn	jdn. aufmerksam
rideau m.	Vorhang		machen auf

signature f.	Unterschrift	stage m.	Praktikum
signe m.	Zeichen	stand m.	(Markt)Stand
signer	unterschreiben	standard m.	Norm, Standard
signifier	bedeuten	sténodactylo f.	Stenotypistin
simple	einfach, lediglich	stimuler	anregen
similaire (à)	ähnlich (wie)	stock m.	Lager, Vorrat
sincère	aufrichtig, freundlich	en …	auf Lager
singe m.	Affe	strict(e)	streng, genau
sinistre m.	Schadenfall, Unglück	style m.	Stil
situation f.	Lage	stylo-bille m.	Kugelschreiber
ski m.	Ski	subir	erleiden
faire du … nautique	wasserskifahren	subordonnée f.	Nebensatz
		succès m.	Erfolg
social(e)	Sozial-	succursale f.	Filiale, Zweiggeschäft
société f.	Gesellschaft	suffire à	genügen
… anonyme	Aktiengesellschaft	suffisant(e)	genügend
… suisse des employés de commerce	Schweiz. Kaufm. Verband	suit: comme …	wie folgt
soi: il va de … que	selbstverständlich	suite f.	Folge
soigné(e) (chose)	gepflegt, sorgfältig	à la … de	infolge von
soigner	pflegen	suivre	folgen
soigneux(se) (personne)	sorgfältig	sujet m.: à ce …	diesbezüglich
		au … de	in bezug auf
solde m.	Rest, Saldo	superflu(e)	überflüssig
soldes m. pl.	Ausverkauf	supérieur(e) à	höher als, hochwertig
solder	ausgleichen	supermarché m.	Supermarkt
solide	stark, dauerhaft	supplément m.	Zuschlag
solidité f.	Dauerhaftigkeit	supplémentaire	zusätzlich
solliciter qch.	bitten um, ersuchen	une heure …	Überstunde
… une place	sich um eine Stelle bewerben	supporter	ertragen
		supposer	vermuten
solution f.	Lösung	supprimer	beseitigen, weglassen
solvabilité f.	Zahlungsfähigkeit	sûr(e), sûrement	sicher
solvable	zahlungsfähig	surchargé(e) de	überlastet mit
sommairement	summarisch	surgélateur m.	Tiefkühler
sommation f.	Mahnung	surgeler	tiefgefrieren
somme f.	Summe	surprendre	überraschen
sorte f.	Sorte, Art	surprise f.	Überraschung
souci m.	Sorge	surtout	vor allem
souffrir de	leiden unter	syllabe f.	Silbe
souhaiter	wünschen	sympathique	sympathisch
souligner	unterstreichen	système m.	System
soumettre à qn	unterbreiten	synonyme m.	sinnverwandtes Wort
sous peu	binnen kurzem		
souscrire à	zeichnen (z. B. Anleihe)	**T**	
souvenir m.	Andenken		
souvenir: se … de	sich erinnern an	tabac m.	Tabak
spécial(e)	besonders, Spezial-	table des matières f.	Inhaltsverzeichnis
spécialiser: se … dans	sich spezialisieren auf	tâche f.	Arbeit, Aufgabe
		tache f.	Flecken
spécialiste m.	Spezialist, Fachmann	talon m.	Abschnitt, unteres Ende
spécialité f.	Spezialität		
spécifier	genau bezeichnen	tapis m.	Teppich
spécimen m.	Probe(nummer)	tarif m.	Tarif
stable	fest, beständig	taux m.	Zinsfuss
une place …	Dauerstelle	taxe f.	Taxe

technicien m.	Techniker
technique	technisch
teindre	färben
tel(le)	solch
télégraphier	telegrafieren
télégraphique	telegrafisch
téléphone m.	Telefon
par...	telefonisch
téléphoner	telefonieren, anrufen
téléphonique	telefonisch
téléscripteur m.	Fernschreiber
téléviseur m.	Fernsehapparat
télex m.	Telex
temporaire	vorübergehend
temps m.	Zeit, Wetter
à...	rechtzeitig
ces derniers...	in letzter Zeit
tendance f.	Tendenz
tenir	führen (Artikel), halten
...à	Wert legen auf
...compte de	berücksichtigen
terme m.	Termin, Zeitpunkt
terminer	aufhören, beendigen
texte m.	Text
textile	Textil-
ticket m. de caisse	Kassabon
tiers m.	Drittel, Drittperson
timbre m.	Marke, Stempel
...postal	Poststempel
...-poste	Briefmarke
tissu m.	Gewebe, Stoff
titre m.	Titel, Wertschrift
à... d'essai	probeweise, als Versuch
à... exceptionnel	ausnahmsweise
tort m.	Unrecht
avoir...	Unrecht haben
total m.	Total(summe)
totalité f.	Gesamtheit
toucher	beziehen, berühren
...à sa fin	zur Neige gehen
tour m.	Rundreise
touristique	touristisch, Reise-
tout à fait	gänzlich
toutefois	jedoch, immerhin
tradition f.	Überlieferung
traducteur(trice)	Übersetzer(in)
train: en... de	im Begriffe zu
traite f.	Tratte, Wechsel
traitement m.	Behandlung, Gehalt
...de textes	Textverarbeitung
traiter	behandeln, tätigen
tranquille	ruhig
transaction f.	Geschäft
transférer	verlegen
transformer en	umwandeln in
transitaire m.	Spediteur

transmettre à	übergeben, senden
...un message	eine Nachricht übermitteln
transport m.	Versand, Beförderung
transporteur m.	Spediteur, Transporteur
travail m. (travaux)	Arbeit(en)
travailler	arbeiten, tätig sein
travailleur(euse)	arbeitsam
trier	ordnen, sortieren
...le courrier	Post sortieren
tromper	täuschen, betrügen
se...	sich täuschen, irren
trust m.	Trust, Verband
type m.	Vorbild, Typ

U

unique	einmalig
urgent(e)	dringend
usage m.	Gebrauch
d'...	üblich
faire... de	Gebrauch machen von
usine f.	Werk, Fabrik, Betrieb
utile	nützlich
utiliser	verwenden

V

valise f.	Koffer
vacant(e)	frei (Stelle)
vaisselle f.	Geschirr
valable	gültig
valeur f.	Wert
validité f.	Gültigkeit
valoir	wert sein, gelten
il vaut mieux que + subjonctif	es ist besser, wenn
variable	veränderlich
horaire de tra-vail...	gleitende Arbeitszeit
varié(e)	abwechslungsreich
vase m. (à fleurs)	(Blumen)Vase
vaudois(e)	waadtländisch
véhicule m.	Fahrzeug
vélomoteur m.	Leichtmotorrad
vendre	verkaufen
vente f.	Verkauf
verbal(e)	mündlich
vérifier	(über)prüfen
verre m.	Glas
verrerie f.	Glashütte
vers	gegen
versement m.	Überweisung, Einzahlung

verser à	überweisen, einzahlen	vœu m.	Wunsch
verso m.	Rückseite	voie f.	Bahn, Weg, Geleise
au ... de	auf der Rückseite	voisin(e)	benachbart
vêtement m.	Kleid	voix f.	Stimme
veuf m. (veuve f.)	Witwer (Witwe)	vol m.	Diebstahl, Flug
vide	leer	voleur m.	Dieb
vif(ve)	lebhaft, aktiv	volonté f.	Wille
remercier vive-ment	bestens danken	volontiers	gerne
		vouloir	wollen
virement m.	Giro, Überweisung	en ... à qn	jdm. etwas nachtragen
virer	ein Giro tätigen, über-weisen (bargeldlos)	voulu(e)	gewünscht
		voyageur m.	Reisende
visite f.	Besuch	vrai(e)	wahr
rendre ... à	besuchen	vu: ... ces difficul-tés f.	in Anbetracht dieser Schwierigkeiten
vitesse f.	Geschwindigkeit	vue f.	Aussicht
par petite ...	als Frachtgut	en ... de	zwecks, im Hinblick auf
par grande ...	als Eilgut		
vitrine f.	Schaufenster	... d'ensemble	Überblick
vivre	leben		

Vocabulaire allemand-français

A

Allemand	Français
ab (zeitlich)	dès, à partir de
abändern	modifier
abbrechen	rompre
abfassen	rédiger, formuler
abhängen	dépendre de
abhelfen	remédier à qch.
abholen	aller (venir) prendre
ablehnen	décliner, refuser qch.
abliefern	livrer qch. à qn
abmachen	convenir de (faire) qch.
abonnieren	s'abonner à qch.
abraten	déconseiller de
Absatz (Verkauf)	écoulement m., vente f.
Absatz (Text)	alinéa, paragraphe m.
Abschied	congé m.
abschliessen (Vertrag)	conclure (un contrat)
Abschluss (Vertrag)	conclusion f.
Abschrift	copie f.
Absender	expéditeur m.
absetzen (Waren)	écouler, vendre
Absicht	intention f.
abstatten: Besuch …	rendre visite à qn.
Abteilung	département m., service m.
abtreten	céder
Abtretung	cession f.
abwechslungsreich	varié(e)
abweichen	différer de
Abweichung	différence f.
abwesend	absent(e)
abwiegen, … wägen	peser
abziehen	déduire
Abzug	déduction f.
abzüglich	moins
Adresse	adresse f.
adressieren	adresser
Adressiermaschine	machine f. à adresser, adressographe m.
Advokat	avocat m.
Agentur	agence f.
ähnlich	analogue à, semblable à, similaire à
Akkreditiv	accréditif m.
akzeptieren	accepter
allerlei	de tous genres
allernächst: in den …en Tagen	ces tout prochains jours
allgemein	général(e)
als (in Eigenschaft)	en qualité de
alt	ancien(ne)
amtlich	officiel(le)
anbei	ci-joint, ci-inclus, ci-annexé, sous ce pli
anbieten	offrir, faire une offre
Anbetracht: in …	vu, étant donné (ces difficultés)
ändern: sich …	changer
Änderung (Ab-)	modification f.
anderseits	d'autre part
anerkennen	reconnaître
anfertigen	fabriquer, faire
Anforderung	attente, exigence f.
Anfrage	demande f.
auf Ihre …	en réponse à votre demande
Angabe	indication f.
angeben	indiquer
Angebot	offre f.
Angelegenheit	affaire f.
angemessen	raisonnable
angenehm	agréable
angesehen	renommé(e)
Angestellte	employé m., employée f.
angewiesen sein	dépendre de
anknüpfen	nouer
Ankunft	arrivée f.
Anlage: Geld …	placement m.
Fabrik …	installation f.
Anlass: … geben	donner lieu à qch.
anlässlich	à l'occasion de, lors de
anlegen: ein Lager …	constituer un stock
anmelden	annoncer
Annahme (Empfang)	acceptation f., réception f.
annehmen	accepter
= vermuten	supposer
Annehmlichkeit	agrément m.
Annullation	annulation f.
anraten	conseiller de
Anregung	suggestion f.
anrufen	téléphoner, appeler
wieder …	rappeler
anschaffen	acquérir, acheter
Ansicht	avis m., opinion f.
nach meiner …	à mon avis m.
zur …	à l'examen m.
ansprechend	plaisant(e)
Anspruch: … haben auf	avoir droit à
Lohn …	prétention f. de salaire
anspruchsvoll	exigeant(e)

Anstalt	établissement m.
anstellen	engager
Nachforschungen ...	entreprendre (faire) des recherches f.
Anstellung	engagement m., emploi m., place f.
Anstellungs- bedingungen	conditions f. d'engagement
anstrengen: sich ...	s'efforcer de
Anstrengung	effort m.
Antrag	proposition f.
Antwort	réponse f.
...karte	carte-réponse f.
anvertrauen	confier qch. à qn
Anwalt	avocat m.
Anweisung	instruction f.
Anzahl	un certain nombre de
Anzahlung	acompte m.
Anzeige (Inserat)	annonce f.
Apparat	appareil m.
Arbeit	travail(aux) m.
arbeiten	travailler
Arbeitgeber	employeur, patron m.
arbeitsam	travailleur(se)
Arbeitsklima	ambiance f. de travail
Arbeitslohn	salaire m., paie f.
arbeitslos sein	être en chômage m.
Arbeitslosigkeit	chômage m.
Arbeitsweise	façon f. de travailler
Ärger	ennuis m. pl.
ärgerlich	fâcheux(se), désagréable
Art (und Weise)	façon f. (mode m., mode de paiement)
= Gattung	genre m., nature f.
Assistent	assistant m.
Attest	attestation f.
aufbewahren	conserver, garder
Aufenthalt	séjour m.
Aufforderung	rappel m.
aufführen	mentionner, citer
Aufgabe	tâche f.
aufgeben (Auftrag)	passer, remettre (un ordre)
aufgebraucht	épuisé(e)
aufhalten: sich ...	séjourner
aufheben	annuler
aufhören	cesser de
Auflage	édition f.
auflösen	résilier (Vertrag)
aufmerksam	attentif(ve)
jdn. ... machen auf	rendre qn attentif à qch., signaler, faire observer qch. à qn
Aufmerksamkeit	attention f., soin m.
Aufnahme (Empfang)	accueil m.
aufrechterhalten	maintenir
aufschieben	ajourner, différer, renvoyer, proroger
Aufschub	prorogation f.
aufstellen (Rechnung)	établir (une facture)
aufsuchen	aller trouver (voir) qn
Auftrag	ordre m.
aufweisen	présenter, accuser
Auge: ins ... fassen	envisager de faire qch.
Augenblick	moment m., instant m.
Ausbildung	formation f.
ausbrechen	éclater
ausdehnen	étendre
Ausdruck	expression f.
ausdrücken	exprimer
Ausfuhr	exportation f.
ausführen: eine Lieferung ...	effectuer une livraison
einen Auftrag ...	exécuter un ordre
Produkte ...	exporter des produits
ausführlich	détaillé(e)
Ausführung	exécution f.
ausgeben (Geld)	dépenser
ausgebildet: gut ...	qualifié(e), spécialisé(e)
ausgehen (Artikel)	s'épuiser
ausgezeichnet	excellent(e), parfait(e)
Ausgleich	compensation f.
zum ... (Rechnung)	en règlement de
ausgleichen: ein Konto ...	balancer un compte
Rechnung ...	régler une facture
Aushilfe	aide, auxiliaire f.
Auskunft	renseignement m.
ausländisch	étranger(ère)
auslassen	omettre
auslegen (Geld)	dépenser
ausnahmsweise	exceptionnellement
auspacken	déballer
ausprobieren	essayer
ausrichten	laisser (transmettre) un message, faire une commission
ausserordentlich	exceptionnel(le)
ausserdem	en outre, de plus
aussergewöhnlich	extraordinaire
äusserst: der ... e Preis	le dernier prix, le prix le plus bas (juste)
... knapp berechnen	calculer au plus juste
Aussicht	perspective f.
in ... stellen	faire entrevoir
Aussprache	discussion f.
ausstehend (Geld)	dû (due)

ausstellen	exposer (Waren), établir (Dokument)
Ausstellung	exposition f.
austauschen	échanger
Ausverkauf	soldes m. pl.
Auswahl: zur …	choix m.: au …
auszeichnen: sich … durch	se distinguer par
Auszug (Konto)	relevé, extrait m. (de compte)
avisieren	annoncer qch. à qn

B

bald	bientôt
baldig	prompt(e), prochain(e)
Bank-	bancaire
…überweisung	versement m. (virement m.) bancaire
bar	(au) comptant
Bargeld	argent m. comptant
bargeldlos	sans argent comptant
Barzahlung	paiement (au) comptant m.
Bau	construction f.
Baumwollstoff	tissu m. de coton
beabsichtigen	se proposer (avoir l'intention) de
beachten	observer
beanstanden	réclamer au sujet de
Beanstandung m.	réclamation f., plainte f.
beantworten	répondre à
beauftragen mit	charger de
bebildern	illustrer
Bedarf	besoin m.
bedauern	regretter
Bedauern	regret m.
Bedenken	crainte f.
bedeuten	signifier
bedeutend	important(e), considérable
Bedeutung	importance f.
bedienen: sich …	servir, se servir de
Bedienung	service m.
Bedingung	condition f.
unter diesen …en	dans ces conditions f.
Bedürfnis	besoin m.
beeinträchtigen	entraver, nuire (schaden)
beendigen	terminer, finir
befassen: sich … mit	s'occuper de
befinden	trouver
befriedigen	donner satisfaction
befriedigt von	satisfait de

Befriedigung	satisfaction f.
begehen: einen Irrtum …	commettre une erreur
begeistert	enchanté(e) de
begleichen	régler (une facture)
begreifen	comprendre
begrenzen	limiter
Begriff: im … zu	sur le point, en train de
begründen	motiver
begründet	fondé(e), justifié(e), motivé(e)
behalten	garder, conserver
behandeln: jdn. … vertraulich …	traiter qn faire un usage confidentiel de qch.
Behandlung	traitement m.
behaupten	affirmer, prétendre
beheben	remédier à
behindern	entraver
Behörde	autorité f.
bei: (anlässlich)	lors de, à l'occasion de
… einer Firma	auprès d'une maison
… Lausanne	près de Lausanne
beigelegt	ci-joint, ci-inclus
Beilage	annexe f.
als …	ci-joint, ci-inclus, sous ce pli, en annexe
beilegen	joindre
beiliegend	ci-joint, ci-inclus
beinahe	presque
bejahend	affirmatif(ve)
bekämpfen	lutter contre
Bekannter	connaissance f.
bekanntgeben	faire connaître qch.
beklagen: sich …	se plaindre de
bekommen	recevoir, obtenir
bekunden	témoigner
belasten mit	débiter qn de qch.
belaufen: sich … auf	s'élever à, se monter à
beleben (Geschäft)	stimuler
beliebt (geschätzt)	apprécié(e)
bemerken: etwas …	s'apercevoir de, constater
Bemerkung, Beobachtung	observation f., remarque f.
bemühen: sich …	s'efforcer de
Bemühung	peine
benachrichtigen	aviser (prévenir) qn de qch., informer
benötigen	avoir besoin de
benützen (Gelegenheit)	profiter de
beraten	conseiller
Beratung	conseil m.
berechnen	facturer, calculer
Berechnung	calcul m.

berechtigt sein	être en droit de
bereinigen	régler, liquider
bereisen (Land)	parcourir (un pays)
bereit zu	prêt à
Bericht	rapport m., avis m.
berichten über	rendre compte de
berichtigen	rectifier
Berichtigung	rectification f.
berücksichtigen	tenir compte de, prendre en considération
beruflich	professionnellement
Berufsschule	école f. professionnelle
kaufmännische …	école f. professionnelle commerciale
beschädigen	endommager
Beschädigung	dommage m.
beschäftigen	occuper
sich … mit	s'occuper de
Bescheid: … erwarten	attendre une réponse
bescheiden	modeste
beschliessen	décider de
beschränken	limiter
beschreiben	décrire
Beschreibung	description f.
Beschwerde	réclamation f., plainte f.
beschweren: sich …	se plaindre de qch. à qn.
besetzen (Stelle)	occuper (place)
Besitz: im … von	en possession de
besitzen	posséder
besonder: mit … er Post	par courrier séparé
besonders	particulièrement
besprechen	discuter
bestätigen	confirmer
den Empfang …	accuser réception de
Bestätigung	confirmation
Empfangs…	accusé m. de réception
beste	le (la) meilleur(e)
bestehen (auf)	insister (sur)
eine Prüfung …	passer (réussir) un examen
bestellen	commander
Bestellschein	bulletin de commande m.
Bestellkarte	carte f. de commande
Bestellung	commande f.
bestimmt	certain(e), sûr(e)
bestimmt für	destiné à
Bestimmung: mit …	à destination de
Besuch	visite f.
besuchen (Schule)	fréquenter (une école)
jdn. …	aller voir qn
Kurs …	suivre un cours
beteiligt sein an	participer à
betrachten als	considérer comme
beträchtlich	considérable
Betrag	montant m., somme f.
im … von	se montant à, au montant de
betragen	s'élever à, se monter à
betraut sein	être chargé de
betreffend (Verb)	concernant (invariable), relatif(ve) à
betreffend(e) = Adjektiv	en question
betreiben	entamer des poursuites contre qn
Betreibung	poursuites f. pl.
Betreibungsamt	Office m. des poursuites
Betrieb	maison f., établissements m. pl.
betrifft: was …	quant à, en ce qui concerne
bewahren	conserver, garder
bewähren: sich …	faire ses preuves f.
bewegen zu	engager à
Beweis(mittel)	preuve f.
bewerben: sich … um eine Stelle	solliciter (postuler) une place
Bewerber	postulant m.
Bewerbung	offre f. de service, demande f. d'emploi
Bewilligung	permis m.
bezahlen	payer
beziehen: eine Rente	toucher une rente
sich … auf	se référer à
Beziehung	relation f.
in dieser …	à cet égard
in jeder …	à tous égards
bezug: in … auf	au sujet de
Bezugnahme: unter … auf	me (nous) référant à
bilden	constituer, former
Bildung	formation f.
bieten: Vorteile …	présenter des avantages
Garantien …	offrir des garanties
Bilanz	bilan m.
Billett	billet m.
billig	bon marché (invariable)
billiger	meilleur marché (invariable)
binnen (30 Tagen)	dans les (30 jours)
biologisch	biologique
bis	jusqu'à (ce que)
Bitte	demande f.
bitte sehr	je vous en prie
bitten um	prier qn de faire qch.

bleiben	rester	demnächst	prochainement
Brand	incendie m.	denken	penser
brauchen	avoir besoin de	denn	car, parce que
Briefkopf	en-tête m. (de lettre)	deshalb	donc, c'est pourquoi
brieflich	par lettre	Dessert (Nachspeise)	dessert m.
Briefmarke	timbre-poste m.	Detaillist	détaillant m.
bringen	apporter	deutsch	allemand(e)
Broschüre	brochure f.	Diebstahl	vol m.
buchen	comptabiliser	dienen: jdm. … mit	être utile, rendre service
Buchhalter(in)	comptable m. et f.	etwas	à qn
Buchhaltung	comptabilité f.	Dienst(leistung)	service m.
Buchhändler(in)	libraire m. et f.	Dienstangebot	offre f. de service
Buchhandlung	librairie f.	diesbezüglich	à ce sujet
Büchse	boîte f.	Diplom	diplôme m.
buchstabieren	épeler	Diskont	escompte m.
bürgen	garantir	diskontieren	escompter
Bürger	citoyen m.	Dividende	dividende m.
… von	… originaire de	Dokument	document m.
		Doppel	double m.
		doppelt	double
C		drängen	insister sur
		dringend	urgent(e)
ca.	environ, à peu près	Drittperson	tiers m.
Chalet (Holzhaus)	chalet m.	Drogerie	droguerie f.
Charakter	caractère m.	Druck	impression f.
Check	chèque m.	drucken	imprimer
Chiffre	chiffre m.	Drucker	imprimeur m.
Computer	ordinateur m.	Druckerei	imprimerie f.
		Drucksache	imprimé m.
		Durchschnitt	moyenne f.
D		durchschnittlich	moyen(ne), en moyenne
		durchsehen	vérifier, reviser
da (Satzanfang)	comme, puisque	dürfen	devoir, pouvoir
dafür (Tausch)	en échange, en revanche	Dusche	douche f.
dagegen	par contre, en revanche	Dutzend	douzaine f.
damit	pour que (subjonctif)		
dank	grâce à		
Dank	remerciement m.	**E**	
	(meist pl.)		
zu … verpflichten	obliger qn	ebenso	de même (que)
dankbar	obligé de, reconnaissant	… schnell	aussi rapide
… sein, wenn	être obligé à qn de faire	Ecke	coin m.
	qch.	ebenfalls	également, aussi
Dankbarkeit	reconnaissance f.	ehemalig	ancien(ne)
danken	remercier qn de qch.	Eidgenossenschaft	Confédération f.
dann	puis, ensuite	eigens	spécialement
darlegen	exposer qch.	Eigenschaft	propriété f.
Darstellung	disposition f.	Eigentümer(in)	propriétaire m., f.
Datenverarbeitung	informatique f.	Eilgut: als …	en (par) grande
Datum	date f.		vitesse f.
Dauer	durée f.	einarbeiten	mettre au courant de
Debitorensaldo	solde débiteur m.	Eindruck	impression f.
Decke	couverture f.	einfach	simple
decken	couvrir	Einfuhr	importation f.
defekt	défectueux(se)	einführen: … aus	importer de (France)
Dekoration	décoration f.	einen Artikel …	lancer un article

eingeschrieben: ein … er Brief	une lettre recommandée
einhalten (Frist)	observer, respecter (un délai)
einholen: ein Angebot	demander une offre
einig werden	se mettre d'accord
einige	quelques (quelques-uns)
Einkauf	achat m.
Einkommen	revenu m.
einladen	inviter à
einmalig	unique
einpacken	emballer
einräumen (Rabatt)	accorder (un rabais)
einschliessen	comprendre
einschliesslich	y compris
einschreiben	inscrire
einen Brief …	recommander une lettre
einstellen (Maschine)	régler
Einstellung (Maschine)	réglage m.
eintreffen	arriver, parvenir
Eintritt	entrée f.
einverstanden	d'accord: être … avec qn, accepter qch.
Einwand	réserve f.
einwandfrei	irréprochable, parfait
einwilligen in	consentir à
einzahlen auf	verser à (un compte)
Einzahlung	versement m.
Einzahlungsschein	bulletin m. de versement
einziehen: eine Summe …	prélever, encaisser une somme
Auskunft …	prendre des renseignements sur
elegant	élégant(e)
Eleganz	élégance f.
Empfang: den … bestätigen	réception f.: accuser … de qch.
bei …	à réception de
Empfangsbestätigung	accusé m. de réception
empfangen	recevoir, accueillir
Empfänger	destinataire m.
empfehlen	recommander
Empfehlung	recommandation f.
eng	étroit(e)
entdecken	découvrir, constater
entgegenbringen (Vertrauen)	accorder (la confiance à qn)
entgegenkommen	être agréable à qn
Entgegenkommen	obligeance f.
entgegenkommend	conciliant(e)
entgehen	échapper (Fehler)
… lassen	laisser échapper
enthalten	contenir
entlassen	renvoyer, congédier
entschädigen	dédommager
Entscheid	décision f.
… fassen	prendre une décision
entscheiden: sich …	se décider à
entscheidend	décisif(ve)
entschliessen: sich …	se décider à
Entschluss	décision f.
entschuldigen	excuser
sich … wegen	s'excuser de
Entschuldigung	excuse f.
ich bitte um …	veuillez m'excuser
entsprechen: einem Muster …	correspondre à un échantillon
einem Wunsch …	répondre à un désir
entwickeln: sich …	se développer
Entwicklung	développement m.
Ereignis	événement m.
erfahren (Nachricht)	apprendre (une nouvelle)
erfahren sein	être expérimenté(e)
Erfahrung	expérience f.
Erfindung	invention f.
Erfolg	succès m.
erfolgen	s'effectuer, se faire
erfordern	exiger
erfreuen: sich … (Ruf)	jouir de (réputation)
erfüllen (Verpflichtung)	respecter, remplir (un engagement)
ergänzen	compléter
ergeben	il résulte de
sich …	se produire (entstehen)
Ergebnis	résultat m.
ergreifen	saisir
erhalten	recevoir (empfangen), obtenir (erlangen)
erhöhen	augmenter
Erhöhung	hausse, augmentation
erinnern: jdn. an etwas …	rappeler qch. à qn
sich … an etwas	se souvenir de qch.
erkundigen: sich … über	se renseigner sur, s'informer de
erlauben	permettre de
sich …	se permettre de
erledigen	régler (in Ordnung bringen)
eine Arbeit …	faire (exécuter) un travail
erleichtern	faciliter
erleiden	subir, (une perte)
ermächtigen	autoriser à
Ermässigung	réduction f.
ermöglichen	permettre de
erneuern (Lager)	renouveler (stock)

eröffnen	ouvrir	Fall	cas m.
Eröffnung	ouverture f.	fällig	échu(e)
erreichen	atteindre	Fälligkeit	échéance f.
Ersatz	remplacement m.	falls	si, au cas où
als ...	en remplacement m.,	falsch	faux (fausse),
erscheinen	paraître		mauvais(e)
erschöpfen	épuiser	Farbe	couleur f.
ersehen	voir	Fehl-	mauvais, faux (fausse)
ersetzen	remplacer	Fehlbetrag	différence f.
Ersetzen	remplacement m.	fehlen	manquer (de)
ersparen	épargner	Fehlprogram-	mauvaise (fausse) pro-
Ersparnis	économies f. pl.	mierung	grammation f.
erstaunt	étonné(e)	Fehlen	absence f.
erst	ne ... que, seulement	Fehler	faute f., erreur f.
erstellen	établir (facture)	feiern	fêter
erstklassig	de premier choix	fein	fin(e)
ersuchen	prier qn de faire qch.,	Fernseher	téléviseur m.
	demander qch. à qn	Fest	fête f.
erteilen (Auftrag)	passer, remettre (ordre)	festlegen	immobiliser
Auskunft ...	donner, fournir des ren-	festsetzen	fixer
	seignements sur	feststellen	constater, s'apercevoir
Stunden ...	donner des leçons f.		de
ertragen (Verlust)	supporter (perte)	Filiale	succursale f.
erwähnen	mentionner, citer	finanziell: ... e Lage	situation f. finan-
erweisen: einen	rendre (un) service		cière
Dienst ...		finden	trouver
erweitern	agrandir (vergrössern),	Firma	maison f. (de com-
	étendre (ausdehnen)		merce)
erwerben	acquérir	flüssig	liquide
erwünscht	nécessaire, désiré(e)	Folge	suite f., conséquen-
Erzeugnis	produit m.		ce f.
erzielen	réaliser, obtenir	folgen	suivre qn ou qch.
etwa	environ, à peu près	Forderung	créance f.
Exemplar	exemplaire m.	Formular	formule f., formu-
exklusiv	exclusif(ve)		laire m.
Export	exportation f.	Forschung	recherche f.
Exporteur	exportateur m.	Fortbildungskurs	cours m. de perfec-
express: als Express-	par exprès		tionnement
gut		fortgeschritten	avancé(e)
		Fortschritt	progrès m.
		fortsetzen	continuer à
F		Fracht	cargaison f., fret m.
		... brief	lettre f. de voiture
Fabrik	usine f., fabrique f.	Frachtgut: als ...	par petite vitesse
Fabrikant	fabricant m.	Frage	question f.
Fabrikation	fabrication f.	Fragebogen	questionnaire m.
fabrizieren	fabriquer	fragwürdig	douteux(se)
Fach	coffre m. (Safe)	frankiert: ... senden	envoyer en port payé
	matière f. (Schule)	frankieren	affranchir (Brief)
	branche f. (Handel)	frei (Stelle)	vacant(e)
Post ...	case (boîte) f. postale	... haben	avoir congé
fachmännisch	compétent(e)	... (ins) Haus	franco domicile
fähig	capable	freiwillig	facultatif(ve)
Fähigkeit	aptitude, capacité f.	freuen: sich ...	être heureux(se) de
Fähigkeitszeugnis	certificat m. de capacité	freundlich	sincère, cordial(e)
fakturieren	facturer	Freundlichkeit	obligeance f.

Frist	délai m.	Gemüseanbau	culture f. de légumes
früher = ehemalig	ancien(ne)	genannt	indiqué(e)
wie …	comme par le passé	genau	précis(e), exact(e)
frühestens	au plus tôt	Genauigkeit	précision f.
fühlbar	sensible	Generalversamm-	assemblée f. générale
führen (Artikel)	tenir un article	lung	
funktionieren	fonctionner	geniessen (Ruf)	jouir de (réputation)
		genügend	suffisant(e)
		gerechtfertigt	justifié(e)
		gerichtlich	judiciaire
G		geringer	inférieur(e) à
		gerne: … bereit zu	tout prêt à
Garantie	garantie f.	… etwas tun	aimer faire qch., être
Gas	gaz m.		heureux(se) de faire
Gasthof	auberge f., hôtel m.		qch., se faire un plai-
Gattung	genre m., catégorie f.		sir de faire qch.
Gebäude	immeuble, bâti-	Gesamtbetrag	montant m. total, som-
	ment m.		me f. totale
Gebiet	domaine m.	Geschäft (Bank)	affaire f., opération f.
geboren sein am	être né(e) le	Geschäftsbezie-	relations f. d'affaires
Gebrauch	usage m.	hungen	
… machen	profiter, faire usage de	… brief	lettre f. commerciale,
gebürtig aus	originaire de		lettre f. d'affaires
Geburtsdatum	date de naissance f.	… gang	marche f. des affaires
Geburtstag	anniversaire m.	… inhaber	chef d'entreprise,
gedenken	penser, compter		propriétaire m.
Geduld	patience f.	… kreis	milieu m. d'affaires
gedulden: sich …	patienter	… leiter	directeur m.
geeignet	qualifié(e), capable	… leitung	direction f.
Gefahr:	risque	… mann	homme m. d'affaires
eine … laufen	courir un risque	… praxis	pratique f. des affaires
Gefälligkeit	obligeance f.	geschehen	se produire, se passer
gefragt	demandé(e)	geschickt	habile
gegen (zeitlich)	vers (la mi-avril)	Geschirr	vaisselle f.
Gegend	région f.	geschuldet	dû (due)
Gegendienst	service semblable m.	Gesellschaft	société, compagnie f.
Gegenstand	objet m.	gesetzlich	légal(e)
Gegenvorschlag	contreproposition f.	gesondert	séparé(e)
gegenwärtig	actuel(le)	Gespräch	entretien m., conversa-
Gehalt	salaire m., paie f.		tion f.
gehören: … zu	faire partie de (la clien-	gestatten	permettre de
(Kundschaft)	tèle)	gestrig	d'hier
gelangen zu	parvenir à	Gesuch	demande f.
an jdm. …	s'adresser à qn	Getränk	boisson f.
Geld	argent m.	gewähren	accorder
… mangel	manque d'argent m.	gewährleisten	garantir
… schrank	coffre-fort m.	Gewicht	poids m.
gelegen: jdm. daran	tenir à	Gewinn	bénéfice m., gain m.
… sein		Gewinnmarge	marge f. de bénéfice
Gelegenheit	occasion f.	gewissenhaft	consciencieux(se)
bei …	à l'occasion	gewinnen	gagner
… ergreifen	saisir l'occasion	gewöhnlich	en général, normalement
gelingen	réussir à, parvenir à	gewohnt sein	avoir coutume de
gelten als	passer pour	gewünscht	demandé(e)
geltend machen	faire valoir	gezwungen	obligé(e) de
gemäss	selon	Giro	virement m.

Glas	verre m.
…fabrik	verrerie f.
glauben	croire, penser
Gläubiger	créancier m.
gleich wie	analogue à, conforme à
… etwas tun	aller faire qch.
gratis	gratuitement
gratulieren	féliciter qn de qch.
Grösse	grandeur f., importance f.
grösser = wichtig	important(e)
Grund	motif m., raison f.
gründen	fonder
gründlich	à fond
grundsätzlich	en principe
Gruppe	groupe m.
gültig	valable
Gültigkeit	validité f.
Gunst	faveur f.
zu meinen Gunsten	en ma faveur f.
günstig	favorable
gut	bon(ne), bien
Guthaben	créance f.
Gutschein	bon m.
gutschreiben (Gutschrift erteilen)	créditer qn d'une somme

H

haftbar	responsable de
Halbinsel	presqu'île f.
halten für	considérer comme
was … Sie von	que pensez-vous de
handeln: sich … um	s'agir de
… mit	faire le commerce de
Handelslehrer(in)	professeur de commerce
handgeschrieben	manuscrit(e)
Händler	marchand, négociant m.
Handwerker	artisan m.
Hauptort	chef-lieu m.
hauptsächlich	principal(e)
Hauptsitz	siège m. principal
Haushalt	ménage m.
Heimatort	lieu m. d'origine
Hektoliter	hectolitre m.
hemmen	entraver
herabsetzen	réduire, baisser
Herkunft	provenance f., origine f.
herstellen	fabriquer

Herstellung	fabrication f.
herzlich	cordial(e)
heutig	actuel(le)
heutzutage	actuellement
hiermit	ci-joint, ci-inclus
hinausschieben	ajourner, différer
Hinblick: im … auf	en vue de
hindern	empêcher de
hingegen	cependant, par contre
Hinschied	décès m.
Hinsicht: in jeder …	en tous points
hinterlassen	laisser
hinweisen	signaler
hoffen	espérer
Hoffnung	espoir m.
höher als	supérieur à (Qualität, Preis)
hören, dass	entendre dire que
Horizont	horizon m.
hübsch	joli(e)

I

immer mehr	de plus en plus
immerhin	toutefois
Import	importation f.
Importeur	importateur m.
imstande sein	être en mesure de
inbegriffen	y compris
nicht …	non compris
indessen	cependant, toutefois
Industrie	industrie f.
…betrieb	entreprise f. industrielle
Infinitiv	infinitif m.
infolge	à la suite de
infolgedessen	par conséquent
informieren über	mettre au courant de
Inhaber	propriétaire
Inhalt	contenu m.
innert (8 Tagen)	dans les (8 jours)
instandstellen	remettre en état
Inserat	annonce f.
intelligent	intelligent(e)
intensiv	intensif(ve)
Interesse	intérêt m.
interessieren: sich für	s'intéresser à
intern	interne
Inventar	inventaire m.
inzwischen	entre-temps
irren: sich …	se tromper
Irrtum	erreur f.
irrtümlicherweise	par erreur
italienisch	italien(ne)

J

je (Person)	par (personne)
jedoch	toutefois, cependant
je nach = gemäss	selon
jetzig	actuel(le)
Junior	junior m.
Juwelier	bijoutier m.
…geschäft	bijouterie f.

K

Kalender	calendrier m.
Kalkulation	calcul m.
Kamerad	camarade m. et f.
kämpfen gegen	lutter contre
Kapital	capital m.
Kaufmann	commerçant m.
Katalog	catalogue m.
kaufmännisch	commercial(e), de commerce
…e Berufsschule	école f. professionnelle commerciale
Kegelbahn	jeu m. de quilles
kennenlernen	faire la connaissance de
Kenntnis	connaissance f.
…nehmen	prendre note de
Kiste	caisse f.
Klavier	piano m.
Klima: Arbeits…	ambiance f. de travail
Klub	club m.
Knappheit	manque m.
Koffer	valise f.
Kollege, Kollegin	collègue m. et f.
Kollektion	collection f.
Komfort	confort m.
komfortabel	confortable
Konferenz	conférence f.
Konflikt	conflit m.
Konkurrent	concurrent m.
Konkurrenz	concurrence f.
Konkurrenzfirma	maison f. concurrente
Konkurs	faillite f.
…machen	faire …
können	pouvoir, savoir
Kontakt	contact m.
…aufnehmen	prendre … avec qn
in … treten	entrer en … avec qn
Kontrolle	contrôle m.
kontrollieren	contrôler, vérifier
Kontrollstelle	service m. de contrôle
Korrespondent	correspondant m., correspondancier m.
Korrespondenz	correspondance f.

Kosten	frais m. pl.
kosten	coûter
kostenlos	gratuitement
Kostenvoranschlag	devis m.
kostspielig	coûteux(se)
Krawatte	cravate f.
Kredit …	crédit m.
kreditwürdig	solvable
Kreditwürdigkeit	solvabilité f.
Kristall	cristal m.
…glas	verre m. en cristal
Kugelschreiber	stylo m. (à bille)
Kunde (Kundin)	client m. (cliente f.)
Kundenkreis	clientèle f.
kündigen	donner (son) congé
Kundschaft	clientèle f.
Kunststoff	matière f. synthétique
Kurort	station f. (touristique)
Kurs	cours m.

L

Lage	situation f.
in der … sein	être en mesure de
Lager	stock m.
auf …	en stock
lang	long (longue), longtemps (Adverb)
Länge	longueur f.
langjährig	ancien(ne)
lassen	faire, laisser
Lasten: zu … gehen von jdm.	être à la charge de qn
Lauf: im … von	au cours de
laufen (Maschine)	fonctionner
laufend	courant(e)
Lebenslauf	curriculum vitae m.
Lebensversicherung	assurance-vie f.
ledig	célibataire
lediglich	simplement
Lehrabschlussprüfung	examen m. de fin d'apprentissage
Lehrabschlusszeugnis	certificat m. de fin d'apprentissage
Lehre	apprentissage m.
Lehrer	professeur m.
Lehrling (Lehrtochter)	apprenti m. (apprentie f.)
Lehrmeister	patron (maître) m. d'apprentissage
lehrreich	instructif(ve)
leid tun	regretter
leiden unter	souffrir de

156

leider	malheureusement, à regret
leisten	effectuer (Zahlung)
einen Dienst ...	rendre (un) service
leiten	diriger
Leiter	chef, directeur m.
Lektüre	lecture f.
letztjährig	de l'année passée
liebenswürdig	aimable
Lieferant	fournisseur m.
lieferbar	livrable
Lieferfrist	délai m. de livraison
liefern	fournir, livrer
Lieferung	livraison f.
Lieferwagen	camionnette f.
Liegenschaft	immeuble m.
Linie	ligne f.
Liste	liste f.
loben	louer, vanter
Lohn	salaire m., paie f.
...ansprüche	prétentions f. de salaire
lohnen: sich ...	valoir la peine
Lokal	local m.
Lösung	solution f.
Luft-	aérien(ne)

M

Macht	pouvoir m.
Magaziner	magasinier m.
mahnen	rappeler qch. à qn
Mahnung	rappel m.
manchmal	quelquefois
Mangel	défaut m.
... beheben	remédier à un défaut
... haben an	manquer de qch.
mangelhaft	défectueux(se)
Mängelrüge	réclamation f.
Marke	marque f.
mangels	faute de
Maschinenschreiben	dactylographie f.
mässig (Preis)	modéré
Massiv	massif m.
Mathematik	mathématiques f. pl.
Massnahme	mesure f.
...n treffen	prendre des mesures f.
Medikament	médicament m.
Meinung: meiner ... nach	à mon avis m.
meisten: am ...	le plus
die meisten (Leute)	la plupart des (gens)
melden: sich ...	s'annoncer
Menge	quantité f.
Menu (Speisefolge)	menu m.

merken: etwas ...	constater
mieten	louer
Militärdienst	service m. militaire
minderwertig	inférieur à
mindestens	au moins
Mineralwasser	eau minérale f.
misstrauen	se méfier de
Missverständnis	malentendu m.
Mitarbeit	collaboration f.
Mitarbeiter(in)	collaborateur m. (-trice f.)
Mitte: ... April	mi-avril f.
mitteilen	communiquer, dire, informer
Mitteilung	communication, information f.
Mittel	moyen m.
mittelgross	de moyenne grandeur f.
mittels	au moyen de
mittler	moyen(ne)
Möbel	meuble m.
Modell	modèle m.
möglich	possible, éventuel(le),
sein ...stes tun	faire son possible, faire de son mieux
Möglichkeit	possibilité f.
möglichst bald	aussi vite que possible, dès que possible
Motiv	motif m.
Mühe	peine f.
mündlich	oralement, verbalement
Museum	musée m.
müssen	devoir
Muster	échantillon m.
Mustermesse	foire f. d'échantillons
Mustersendung	envoi m. d'échantillons

N

nach (gemäss)	selon
nach diesem Datum	passé cette date
nach wie vor	comme par le passé
Nachforschung	recherche f.
...en anstellen	faire des recherches f.
nachkommen: seinen Verpflichtungen ...	faire face à ses obligations f.
Nachlass	réduction f. (de prix)
Nachnahme	remboursement m.
gegen ...	contre remboursement m.
Nachricht	nouvelle f., message m.
Nachspeise	dessert m.
nächst	prochain(e)
Nähe: in der ...	près de

Name: im … n von	au nom de
nämlich	soit, c'est-à-dire
nehmen: auf sich …	prendre à sa charge
netto	net
Nettopreis	prix m. net
neu	nouveau (nouvelle), dernier(ière)
fabrik …	neuf(ve)
niederlassen: sich …	s'établir, s'installer
niedrig	bas(se)
niedriger als (Preis)	inférieur(e) à
normal	normal(e)
Note	note f.
Nötige: das … veranlassen	faire le nécessaire
nötigenfalls	au besoin
Nummer	numéro m.
nur	ne … que, seulement
nützlich	utile

O

Objekt	objet m.
obwohl	bien que (subjonctif)
offensichtlich	évident(e)
öffentlich	public (publique)
Ordnung: in … bringen	régler
organisieren	organiser
orientieren über	renseigner sur

P

Paket: als Post …	par colis m. postal
Panne	panne f.
Pass	passeport m. (Reisepass), col m. (Bergp.)
passieren	se passer, arriver
peinlich (ärgerlich)	fâcheux(se)
Pelz	fourrure f.
Pension (Ruhestand)	retraite f.
Person	personne f.
Personal	personnel m.
… chef	chef m. du personnel
Personalien	détails m. personnels
persönlich	personnel(le)
Perspektive	perspective f.
Pflicht	devoir m., tâche f.
Plakat	affiche f.
Plan	projet m., plan m.
Platz	place f.
portofrei	franc de port, franco

Post: Brief …	courrier m.
mit gesonderter …	par courrier séparé
Postanweisung	mandat m. postal
Postscheckkonto	compte m. de chèques postaux
Posten = Summe	somme f.
Postfach	case (boîte) f. postale
Postleitzahl	numéro m. postal
Postgiro	virement m. postal
Postpaket	colis m. postal
Poststempel	timbre m. postal
postwendend	par retour du courrier
Praktikum	stage m.
Prämie	prime f.
Präsident(in)	président(e) m. et f.
Preis	prix m.
zum … von	au prix de
Preisaufschlag = … erhöhung	hausse f. de prix
… ermässigung	réduction f. de prix
… liste	prix courant m.
… unterschied	différence f. de prix
Prinzipal	patron m., chef m.
Probe	essai, examen m.
… bestellung	commande f. d'essai
… nummer	spécimen m.
zur …	à l'essai, à l'examen
Produkt	produit m.
professionell	professionnel(le)
profitieren	profiter de
programmieren	programmer
Programmierung	programmation f.
Prokurist	fondé de pouvoir m.
Prospekt	prospectus m.
protestieren	protester
Provision	commission f.
Prozent	pour-cent m. (inv.)
prüfen	examiner, vérifier
Prüfung	examen m.
bei der …	à l'… de
Pullover	pull-over m.
pünktlich	ponctuel(le)

Q

Qualität	qualité f.
Quarzuhr	montre f. à quartz
Quelle	source f.

R

Rabatt	rabais m., remise f.
Rapport	rapport m.

rasch	rapide, prompt(e), vite
Rat	conseil m.
rationalisieren	rationaliser
ratsam	recommandable de
Raum	local m.
Rechenschaft: ... geben	rendre compte de qch.
rechnen	calculer, compter
... mit (einer raschen Antwort)	compter sur (une prompte réponse)
Rechnen	arithmétique f.
Rechnung	facture f.
auf eigene ... arbeiten	travailler à son (propre) compte
Rechnungsauszug	relevé m. de compte
Recht	droit m.
... haben	avoir raison f.
rechtfertigen	justifier
rechtlich	juridique
Rechtsanwalt	avocat m.
rechtzeitig	à temps
Rede: die ... sein von	être question de
Referenz	référence f.
als ...	comme référence f.
Reformprodukt	produit m. naturel
Regel: in der ...	en règle f. générale
regelmässig	régulier(ière)
reichen = genügen	suffire
rein	pur(e)
Reinigung	nettoyage m.
Reisender	voyageur m.
Reisestrecke	itinéraire m.
Rente	rente f.
Reparatur	réparation f.
reparieren	réparer
Reservation	réservation f.
reservieren	réserver
Rest(betrag)	solde m., reste m.
Resultat	résultat m.
richten an	adresser à
richtig	exact(e), juste
Risiko	risque m.
... eingehen	courir un risque
Rohstoff	matière première f.
Rolle	rôle m.
rückgängig machen	annuler (ordre)
Rückseite	verso m.
auf der ...	au verso
rückvergüten	rembourser
Rückzahlung	remboursement m.
Ruf	réputation f.
rufen	appeler
Ruhestand	retraite f.
ruhig	tranquille
rühmen	vanter, louer
Rundschreiben	circulaire f.

S

sachlich	objectif(ve)
Sack	sac m.
Saft	jus m.
Saldo	solde m.
Sammlung	collection f.
Schaden	dégât m., dommage m.
Schadenfall	sinistre m.
schaffen	créer
Schalter	guichet m.
schätzen	apprécier
Schaufenster	vitrine f.
scheinen	sembler, paraître
schenken: Vertrauen ...	accorder sa confiance à qn
schicken	envoyer, adresser
Schiff	navire m.
Schlafzimmer	chambre f. à coucher
schnell (Adverb)	vite, rapidement
Schokolade	chocolat m.
schon heute	dès aujourd'hui
Schrank	armoire f.
Schreiben = Brief	lettre f.
schriftlich	par écrit, par lettre
Schritt	démarche f.
Schuh	soulier m.
Schuld	dette f.
schuld sein	être en faute f.
schulden	devoir (dû, due)
Schuldner	débiteur m.
Schulreise	course f. d'école
schützen vor	protéger de (contre)
Schweiz. Kaufm. Verband	Société f. suisse des employés de commerce
schwer	lourd(e), difficile, grave
schwierig	difficile
Schwierigkeit	difficulté f.
Seife	savon m.
Sekretär(in)	secrétaire m. et f.
seit	depuis
seither	depuis lors
selbst	même
selbstverständlich	il va de soi que
senden	envoyer, expédier
Sendung	envoi m., livraison f.
senken	baisser, réduire
sensationell	sensationnel(le)
setzen	mettre, placer
sich ...	s'asseoir
sicher	sûr(e), certain(e)
Sicherheit	sécurité f., garantie f.
sinken	baisser (Preis)
Sinken	baisse f.
Sitz	siège m.
Sitzung	séance f.

Skonto(abzug)	escompte m.	Stoff	étoffe f.
sobald	dès que, aussitôt que	Strecke	itinéraire m.
so dass	de sorte que	streichen	annuler, biffer
soeben	à l'instant, tout à l'heure	Streik	grève f.
... etwas getan haben	venir de faire qch.	streng	sévère, strict(e)
		Stück	pièce f.
sofort	immédiatement, tout de suite, sans tarder	suchen	chercher
		Summe	somme f.
sogleich	tout de suite, immédiatement	sympathisch	sympathique
		System	système m.
... etwas tun	aller faire qch.		
solid	solide		
sollen	devoir		
somit	par conséquent, donc		
Sorge	souci m.		
Sorgfalt	soin m.		
sorgfältig	soigneux(se) (Personen), soigné(e) (Arbeit)	**T**	
sowie	ainsi que		
spanisch	espagnol(e)	Tabak	tabac m.
sparen	économiser, épargner	Tafel (Schokolade)	tablette f. (de chocolat)
Sparte	branche f.	Taschenkalender	agenda m.
spätestens	au plus tard	Taschentuch	mouchoir m.
spedieren	expédier	Tarif	tarif m.
Spediteur	camionneur m., transporteur m.	tätig sein	travailler
		tätigen	faire (des affaires)
Spesen	frais m. pl.	Tätigkeit	activité f.
Spezialist	spécialiste m.	Tatsache	fait m.
Spezialität	spécialité f.	tatsächlich	en effet
spezialisiert auf	spécialisé(e) dans	teilen	partager
Spielware	jouet m.	teilweise	en partie f.
Sprache	langue f.	Teilzeitarbeit	travail m. partiel
Sprachkenntnis	connaissance f. de(s) langue(s)	Telefonanruf	appel m. téléphonique
		telefonisch	par téléphone
spürbar	sensible	Telefonistin	téléphoniste f.
Staatszugehörigkeit	nationalité f.	Telex	télex m.
Stahl	acier m.	Tendenz	tendance f.
Standpunkt	point m. de vue	Teppich	tapis m.
stark	fort(e)	Termin	délai m., terme m.
stattfinden	avoir lieu, s'effectuer	teuer	cher(chère)
stehlen	voler	Text	texte m.
steigen	augmenter (zunehmen), hausser (höher werden)	Textverarbeitung	traitement m. de textes
		Tisch	table f.
		Totalsumme	total m.
Stelle	place f., poste m., emploi m.	traditionnel	traditionnel(le)
		Transport	transport m.
an meiner ...	à ma place	Tratte	traite f.
freie ...	place f. vacante	... ziehen auf jdn.	tirer une traite sur qn
Stellenbewerbung	offre f. de service	Traubensaft	jus m. de raisin
Stellenvermittlungsbüro	bureau m. de placement	treffen: Massnahmen ...	prendre des mesures f.
		treten: in Beziehung ...	entrer en relations f. (contact m.)
Stellung	situation f.		
Stellvertreter	remplaçant m.	Treuhandgesellschaft	société f. fiduciaire
stets	toujours	trotz	malgré
stillegen	immobiliser	tüchtig	capable
Steuer	impôt m.	Typ	type m.

U

übelnehmen	en vouloir à qn
übereinkommen	convenir de qch.
übereinstimmen mit	correspondre à qch., être conforme à qch.
Übergabe	remise f.
überlassen	céder
überlastet sein mit Arbeit	être surchargé(e) de travail
überlegen = denken	réfléchir à qch.
überlegen sein	être supérieur(e) à
übernehmen (Kosten)	se charger (des frais m. pl.)
überprüfen	vérifier, contrôler
überqueren	traverser, passer
überraschen	surprendre
Überraschung	surprise f.
überschreiten	dépasser
überseeisch	d'outre-mer
übersteigen	dépasser
überweisen	verser, virer (à un compte)
Überweisung	versement, virement m.
überzeugen	persuader, convaincre
üblich	habituel(le)
übrigens	d'ailleurs, en outre
Uhr	montre f.
Uhrenfabrik	fabrique f. de montres
umfassen	comprendre
Umgebung: nähere ...	banlieue f., environs m. pl.
umgehend = postwendend	par retour du courrier, prompt(e)
Umsatz	chiffre m. d'affaires
umtauschen	échanger
Unachtsamkeit	inattention f.
unangenehm	désagréable
Unannehmlichkeit	ennui, désagrément m.
Unaufmerksamkeit	inattention f.
unbeantwortet	sans réponse f.
unbedingt	absolu(e)
unbekannt	inconnu(e)
unbestimmt	vague, incertain(e)
unbezahlt	impayé(e)
unbrauchbar	inutilisable
unentgeltlich	gratuit(e)
unerlässlich	indispensable
Unfall	accident m.
unfrankiert	en port dû
ungefähr	approximatif(ve)
ungenau	vague, inexact(e)
ungünstig	défavorable
Unkosten	frais m. (généraux)
unregelmässig	irrégulier(ière)
unterbreiten	soumettre
unterhalten	entretenir
sich ...	s'entretenir avec qn
unterhaltend	amusant(e)
Unterlagen	documentation f.
unterlassen	manquer de, omettre de
unterlaufen (Fehler)	se glisser dans
Unterlassung	omission f., oubli m.
unternehmen	entreprendre
Unternehmen	entreprise f.
Unternehmer	entrepreneur m.
Unterredung	entretien m., entrevue f.
unterrichtet über	au courant de
Unterschied	différence f.
unterschreiben	signer
Unterschrift	signature f.
unterzeichnen	signer
unverbindlich	sans engagement
unverzüglich	immédiatement
unvollständig	incomplet(ète)
unzufrieden	mécontent(e)
Urlaub	congé m.
Ursache	cause f.

V

Veränderung	transformation f.
veranlassen das Nötige ...	engager à faire le nécessaire
verantwortlich für	responsable de
Verantwortung	responsabilité f.
verärgern	mécontenter
Verband	association f.
verbessern	améliorer
verbinden (Tel.)	passer
Verbindlichkeit	engagement m.
Verbindung	rapport m., communication f., contact m.
sich in ... setzen	se mettre en rapport
verbringen	passer
verdienen	mériter (Vertrauen), gagner (Geld)
Verdienst	gain m.
... spanne	marge f. de bénéfice
vereinbaren	convenir de qch.
Vereinbarung	convention f.
Vereinigung	association f.
verfallen	échu(e)
Verfall(tag)	échéance f.
verfehlen	manquer
verfügen über	disposer de

161

Verfügung: zur ... stehen	être à la disposition de	verspätet	en retard
zur ... stellen	mettre à la disposition	Verspätung	retard m.
Vergleich: im ... mit	en comparaison de	versprechen	promettre de
vergleichen mit	comparer à (avec)	verständigen: sich ...	s'entendre
Vergnügen: das ... haben	se faire un plaisir de	Verständigungs- ...mittel	entente f. moyen m. de communication
vergrössern	agrandir		
Vergrösserung	agrandissement m.	Verständnis	compréhension f.
vergüten	bonifier	verstehen	comprendre
verhandeln	traiter avec qn, négocier	sich ... (Preis)	s'entendre
verheiratet sein	être marié(e)	Versuch	essai m.
verhindern	empêcher de	versuchen	essayer de
Verkauf	vente f.	verteilen	distribuer
verkaufen	vendre	vertiefen	approfondir
Verkehr	trafic m., circulation f.	Vertrag	contrat m.
Verkehrsbüro	office de (du) tourisme m.	Vertrauen	confiance f.
		vertraulich	confidentiel(le)
Verlag	maison f. d'édition	... behandeln	faire un usage confidentiel de
verlangen	demander, réclamer	vertraut: sich ... machen mit	se mettre au courant de, se familiariser avec
verlängern um	prolonger de		
verlassen	quitter		
verlegen (Geschäft)	transférer	vertreten	représenter
Verlegenheit	embarras m.	Vertreter	représentant m.
verlieren	perdre	verursachen	causer
Verlust	perte f.	vervielfältigen	polycopier
vermeiden	éviter	vervollkommnen	parfaire, perfectionner
vermieten	louer	vervollständigen	compléter, étendre
Vermittlung	intermédiaire m.	verwalten	gérer
Vermögen	fortune f.	Verwalter	gérant m.
vermuten	supposer	Verwaltung	gérance f., administration f.
vernehmen	apprendre		
veröffentlichen	publier	Verwaltungsrat	conseil m. d'administration
verpacken	emballer		
Verpackung	emballage m.	verwechseln	confondre
verpassen	manquer	Verwechslung	confusion f.
verpflichten	obliger	verweigern	refuser de
verpflichtet sein	être obligé(e) de	verwenden	utiliser, employer
Verpflichtung	obligation f.	seine ganze Sorgfalt ... auf	apporter tous ses soins à qch.
seinen ...en nachkommen	faire face à ses obligations f.		
		verwirklichen	réaliser
Versammlung	assemblée f., réunion f.	verzeichnet sein	figurer (dans la facture)
Versand	expédition f.	Verzeichnis	liste f.
Versandanzeige	avis m. d'expédition	verzichten auf	renoncer à
versäumen	manquer	Verzug	délai m., retard m.
verschicken	envoyer, expédier	vielmals: jdm. ... danken	remercier qn vivement de
verschieben (Datum)	renvoyer de		
verschwiegen	discret(ète)	Vizedirektor	sous-directeur m.
Verschwiegenheit	discrétion f.	voll	plein(e)
Versehen	oubli m., erreur f.	...er Betrag	montant m. total
aus ...	par erreur	...e Verschwiegenheit	discrétion f. absolue
versenden	expédier, envoyer		
versichern	assurer	...es Vertrauen	entière confiance f.
Versicherung	assurance f.	vollständig	complet(ète)
Versicherungsgesellschaft	compagnie f. (société f.) d'assurances	von ... an	à partir de, dès
		Voranschlag	devis m.

162

voraus: im ...	d'avance
voraussehen	prévoir
Vorauszahlung	paiement m. anticipé
Vorbehalt	réserve f.
vorbeikommen	passer
vorbereiten	préparer
vorbringen	formuler, adresser, (une
(Beschwerde)	réclamation)
Vorderseite: auf	au recto m.
der ...	
Vorfall	incident m.
vorführen	présenter, démontrer
Vorgesetzte	chef m., patron m.
vorhergehend	précédent(e)
vorkommen	se produire
vorladen	convoquer
Vorladung	convocation f.
vorlegen	présenter
Vorliebe	préférence f.
vormerken	prendre note de qch.
Vorname	prénom m.
vornehmen: etwas ...	faire, effectuer
Vorrat (Lager)	stock m.
Vorschlag	proposition f.
vorschlagen	proposer
Vorsicht	prudence f.
vorsichtig	prudent(e)
vorsprechen	passer chez qn
vorstellen: sich ...	se présenter à qn
Vorteil	avantage m.
vorteilhaft	avantageux(se)
Vortrag	conférence f.
vorübergehend	momentanément
vorweisen	présenter
vorzeitig	anticipé(e)
vorziehen	préférer
vorzüglich	excellent(e)

W

wägen	peser
Wahl	choix m.
Wand	mur m.
warten: auf sich ...	se faire attendre
lassen	
Wechsel	lettre f. de change
Wechselgeschäft	change m.
wechseln	changer
die Stelle ...	changer de place
weder ... noch	ne ... ni ... ni
Weg	voie f., chemin m.
Weggang	départ m.
weigern: sich ...	refuser de
Wein	vin m.

Weisung	instruction f.
weiter (zusätzlich)	supplémentaire
... (ergänzend)	complémentaire
...e Aufträge	d'autres ordres m.
weiterbilden: sich ...	se perfectionner
weiterhin	à l'avenir m.
von nun an	désormais
... etwas tun	continuer à faire qch.
Welschland	Suisse f. romande
wenden: sich ... an	s'adresser à qn
werben	faire de la publicité
Werbung	publicité f.
werden	devenir
Werk (Fabrik)	usine f., fabrique f.
Werkstatt	atelier m.
Wert	valeur f.
im ... von	d'une valeur de
... legen auf	tenir à
...schrift	titre m.
wertvoll	précieux(se)
wesentlich (adv.)	sensiblement,
	nettement
wichtig	important(e)
Widerruf	annulation f.
widerrufen	annuler
wie folgt	comme suit
wiederaufnehmen	reprendre
wiegen	peser
willkommen heissen	souhaiter la bienvenue
	à qn
windsurfen	faire de la planche
	à voile
wirksam	efficace
Wirkung	effet m.
wirtschaftlich	économique
Wohnort	domicile m.
Wohnung	appartement m.
Wolle	laine f.
Wunsch	désir m., vœu m.
einem ... ent-	répondre à un désir
sprechen	
wünschen: zu ...	laisser à désirer
übrig lassen	
wunschgemäss	selon votre désir
WUSt (Warenum-	ICHA (impôt m. sur le
satzsteuer)	chiffre d'affaires)

Z

Zahl	chiffre m., nom-
	bre m.
zahlbar	payable
zählen: ... auf	compter sur
zahlreich	nombreux(se)

Zahlung	paiement m., paye-ment m.
Zahlungsaufforde-rung	rappel m.
zahlungsfähig	solvable
Zahlungsfähigkeit	solvabilité f.
Zahlungsfrist	délai m. de paiement
Zahlungsschwierig-keit	difficulté f. de paiement
Zahlungstermin	terme m. de paiement
zahlungsunfähig	insolvable
Zahlungs(un)fähig-keit	(in)solvabilité f.
Zahlungsart	mode m. de paiement
zeigen	montrer
Zeit: in kurzer ...	à bref délai m.
in letzter ...	ces derniers temps m.
in nächster ...	prochainement
Zeitpunkt	moment m., époque f.
zeitraubend	qui prend du temps
Zeitschrift	revue f., magazine, m.
Zeitung	journal m.
zerbrechen	casser, briser
zerstören	détruire, démolir
Zettel: Notiz ...	fiche f.
Zeugnis	certificat m.
ziehen	tirer
Ziel	but m.
Zins	intérêt m.
Zinsfuss	taux m. d'intérêt
zirka	environ, à peu près
Zivilstand	état m. civil
zögern	hésiter à
Zoll	douane f.
zu = allzu	trop (de)
zudem	de plus, en outre
zufrieden mit	satisfait(e) de
zufriedenstellen	donner satisfaction f.
zugehen	parvenir
Zugeständnis	concession f.
zukommen	parvenir à qn
... lassen	faire parvenir

Zukunft: in ...	à l'avenir m.
zunehmen	augmenter
zurück: ... sein	être de retour
zurückerstatten	rembourser
zurückgehen (Umsatz)	diminuer
zurückkommen auf	revenir à (un entretien)
... aus (Frankreich)	rentrer de (France)
zurücknehmen	reprendre
zurückrufen	rappeler
zurücksenden	renvoyer, retourner
zurückweisen	refuser
zurückzahlen	rembourser
zurückziehen	annuler (un ordre)
sich ... (in den Ruhestand)	prendre sa retraite
zurückzuführen sein auf	être dû à, provenir de
Zusage	réponse f. favorable
zusagen	convenir
zusätzlich	supplémentaire
Zusendung	envoi m.
zusichern	garantir
Zustand	état m.
zuständig	compétent(e)
zustellen	envoyer, adresser
Zustellung	envoi m.
zuteilen	répartir
Zuteilung	répartition f.
zutreffen	être exact(e)
zuverlässig	consciencieux(se)
Zweck: zu diesem ...	à cet effet
Zweifel: ohne ...	sans doute m.
zweifelhaft	douteux(se)
zweifeln	douter
zwingen: jdn. ... zu	obliger qn à faire qch.
gezwungen sein zu	être obligé(e) de faire qch.
Zwischenfall	incident m.
Zwischenzeit: in der ...	entre-temps

Notizen

Notizen